JN246105

陳独秀と中国革命史の再検討

吉留昭弘 著

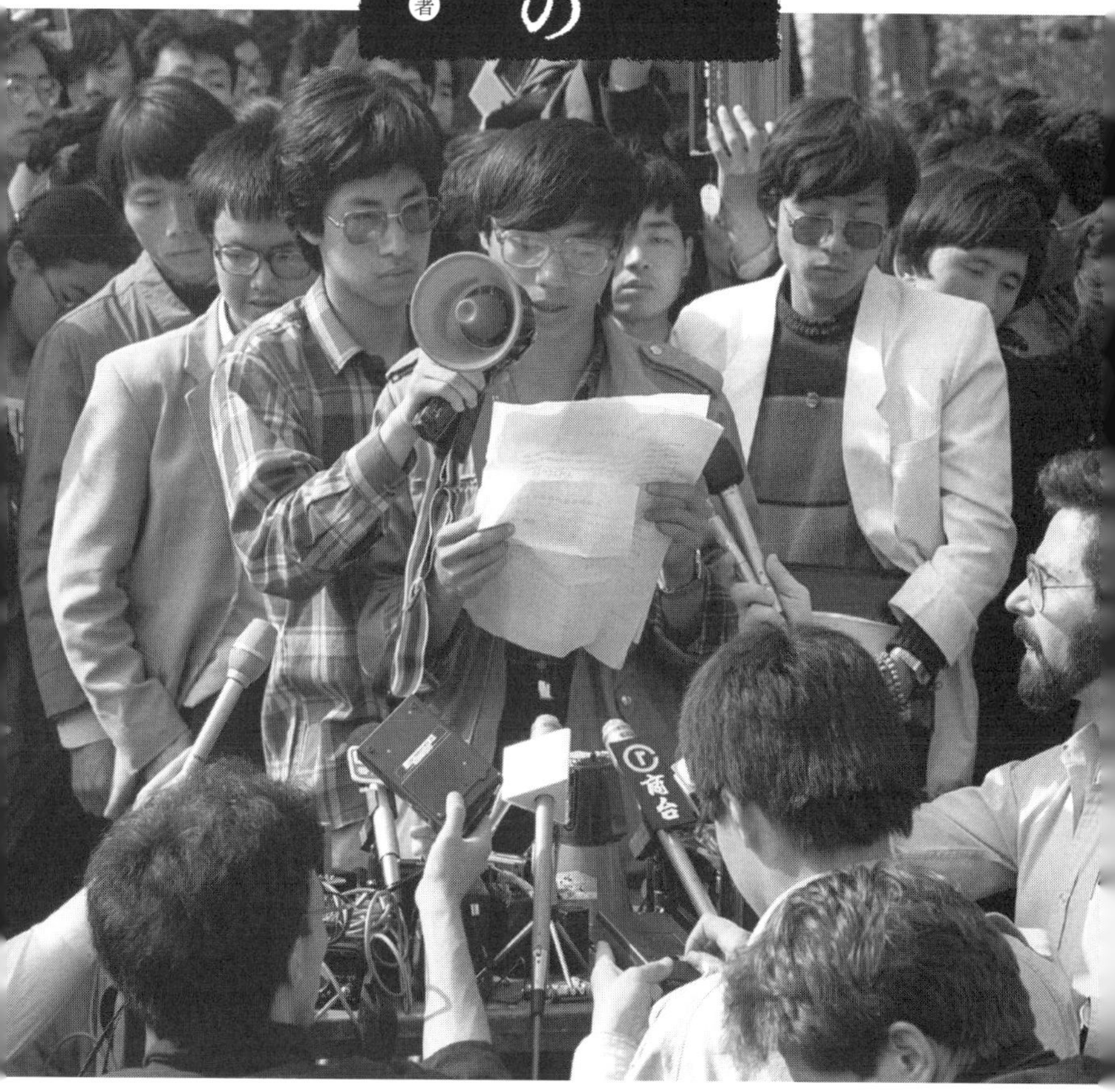

社会評論社

陳独秀と中国革命史の再検討＊目次

はじめに　陳独秀再評価問題にはじまる中国革命史の再検討

『中国共産党史の論争点』（韓鋼著、辻康吾訳、岩波書店、二〇〇八年）と題する著作が翻訳出版された。同書は、現在中国共産党内で論争されている主要な論争点、二十項目を挙げ、論争の所在を明らかにしている。参考までに示せば、次の通り。

『中国共産党史の論争点』

1　陳独秀評価の問題
2　富田事件とソビエト区反革命粛清の問題
3　長征途上の「武力解決」に関する密電の問題
4　「西路軍」の問題
5　延安整風と「搶救運動」の問題
6　朝鮮戦争の問題
7　過渡期の総路線と社会主義改造の問題
8　「高崗・饒漱石事件」の問題
9　反右派闘争の問題

10 「大躍進」と人民公社化運動の問題
11 一九五九年の廬山会議の問題
12 七千人大会の問題
13 「四清」運動の問題
14 「文化大革命」の原因に関する問題
15 中国共産党第九回大会での政治報告の起草をめぐる問題
16 「第一号号令」の問題
17 国家主席設置と九期二中全会の問題
18 「九一三事件」の問題
19 「四人組」粉砕の問題
20 中ソ関係の問題

その第一項目に挙げられているのが、「陳独秀評価の問題」である。

陳独秀は一九一九年の五・四運動の指導者であり、さらにまた一九二一年の中国共産党創立の中心人物でもある。中国近・現代史を代表するこの著名な人物は、中国第二次革命の後中国共産党の正統史観・「官方歴史学」から「五つの罪状」のもとに抹殺されてきた。「五つの罪状」とは、「裏切り者」「漢奸」「トロツキスト」「右傾投降主義者」「右翼日和見主義者」である。世界中の共産主義者の党で党の創立者が裏切り者として断罪された例は、他に例をみない。どうしてこのような事態が起ったのか。

毛沢東死去後、中国共産党はようやくトロッキー研究、陳独秀研究を容認した。いや認めざるをえなくなったというのが真実であろう。官方歴史学にたいして民間の歴史学研究がはじまり、歴史の真実が一つひとつ明らかにされてきた。陳独秀に貼られてきた「五つの罪状」は「トロツキスト」以外すべて偽造であるという事実はもはや隠しおおせなくなった。

「八〇年代半ば、まず『漢奸』のレッテルが剥がされた。この『漢奸』というレッテルは、最初に一九三六年二月の『救国時報』に現れ、陳を名指しすることこそなかったが、『中国のトロツキストは、日本人から手当てをもらう漢奸である』と述べている。」

「一番激しかったのは康生で、一九三八年一月の『解放』誌に『日本侵略者の密偵、民族の公敵のトロツキストの匪賊を切り捨てよ』〔「金産除日冠偵探民族公敵的托洛斯基匪徒」〕と題する華字二万字の論文を発表、陳を攻撃目標とした。この論文は実際にはソ連におけるトロツキスト粛清の方針に沿ったもので、当時ソ連ではトロツキストのラデックの裁判が開かれていた。この論文は前半でソ連のトロツキストについて論じ、後半で中国のトロツキストについて述べている。」

「その後の文献研究の結果、研究者は陳に貼られた『漢奸』のレッテルを剥がした。実際に陳が『漢奸』であるとの主張はまったく根拠がないデッチあげであっただけでなく、その逆に陳は抗日に関する多くの言論を発表していたことが明らかにされた。」

「これと結びついているのは『裏切り者』というレッテルだが、それはより根拠のないものであった。『裏切り者』というのは、陳が大革命時期［第二次国内革命戦争中の一九二六年〜二七年］に指導権を国民党右派に捧げ、革命を売り渡したこと、また一九三二年に逮捕され、国民党の監獄に入れられ、『裏切り者』となったとされることを抽象的に言ったものだった。だが陳は五年間拘置され一九三七年に出獄したが、その期間、陳の逮捕が党指導者や党組織の破壊につながるようなことはなかった。むしろ出獄後、蒋介石は陳に教育次官になるよう要請したが、陳は拒否した。そのため『裏切り者』というレッテルも八〇年代初期にはずされた。」

同書はさらに近年の学術界での陳独秀研究の進展について次の様に述べている。

「ここ数年、学術界での陳独秀研究はさらに急速に増加した。かつて陳独秀にレッテルを貼ったとき、陳は『右傾投降主義』をとり、国民党新右派に譲歩したと言われた。たとえば国民党第二大会、中山艦事件、党務整理案に関する問題が陳の三大譲歩とされてきた。だが実際にはこれらの事件はきわめて複雑でコミンテルンとその代表、またソ連共産党［以下「ソ共」と略］中央とその顧問が重要な役割を果たしていた。ある研究者の統計によれば、一九二四年の国民党第一回大会（第一次国共合作の開始）から二七年の国共分裂までの三年余りのソ共中央は中国革命に関する決定や指示を一二二回出しており、ソ共政治局は同じく中国革命問題に関する会議を七三八回開いている。これはコミンテルン執行委員会の文書や会議は含まれていない。このことは、陳独秀に貼られた国民党新右派への譲歩的政策や主張はもともと、コミンテルン、ソ共中央、ソ連顧問、コミンテルン代表から出たものであり、陳独秀の自分の意見ではなかったことを示している。

むしろ陳独秀は一貫してコミンテルンと見解を異にしていた。そこから一部の研究者は陳独秀に貼られた二つのレッテルは根拠がないものであったと認めている。

「二〇〇二年に出版された中共中央党史研究室編纂の『中国共産党歴史』第一巻の修訂本はまだ『右傾日和見主義』のレッテルを残している。だが一部の研究者はこのレッテルを剥がし、彼らが編纂した中共史関係の著作では、すでに陳独秀を『右傾投降主義』だとはもちろん、『右傾日和見主義』だとさえ言っていない。この論争はまだ終わらず、続いている。」

陳独秀の評価問題はきわめて深刻な問題を提起している。なぜなら、中国共産党の正統史観はこれまで一貫して、中国第二次革命敗北の最大の原因は陳独秀の右翼日和見主義・投降主義路線にある、と主張してきたからである。

中国第二次革命敗北の主な原因が陳独秀の側にないとしたら、ではいったい誰にあるのか。同書は、論議を一歩進めて、陳独秀の右翼投降主義なるものが実はソ連共産党・コミンテルン指導部から出ていたのではないかと疑問を提起し、その論拠をソ連邦崩壊後開陳された「コミンテルン文書」に求めている。スターリンが密封してきた機密文書がそれを明らかにしているというのである。

これまで中国第二次革命解明の困難さは、右翼投降主義の源泉がコミンテルンの側にあるのではないかと推測されながらも、それを立証する証拠が「トロツキー文書」以外になかったことである。当のトロツキーの見解自体は「反革命」の書として全世界に喧伝され、トロツキー文書を真に受ける者はごく限られた範囲に留まってきたという事情もあった。例外的な古典的名著として、ハロルド・R・アイザックスの『中国革命の悲劇』（至誠堂）がある。アイザックスは第二次革命に参加し、トロツキー派に通じていた。

永い間歴史の闇に葬られてきた歴史の真実が明らかにされつつある。歪められ、偽造され、隠蔽されてきた中国革命の真実は正されなければならない。

本稿は、中国革命史を主題としながらも、まず最初に、ロシア革命史におけるボルシェビキ政権の変質の問題を扱っている。当時の国際的環境下では、ソ連共産党・コミンテルンの指導から離れて各国の運動は存在しえなかったからである。したがって、ソ連共産党・コミンテルンの動向は第一義的意味をもった。中国第二次革命はそのような情況下で展開された。以上のことを御了承願いたい。

以前、一九九五年に執筆した著作（『ソ連崩壊とマルクス主義――レーニン最後の闘争とその後』）において、私は、レーニンの最晩年におけるスターリン派との闘争を高く評価したが、他方で、前期のレーニンとボルシェビキ党内の左翼日和見主義的傾向を看過した。これは大きな誤りであった。

「スターリン政治体制」は突然天から降ってきたわけではない。ボルシェビキ理論は「スターリン主義を胚胎した」という陳独秀の一文は、私にとって重たいものであった。
本書は、かつての自らの見解についての批判的検討のうえに成立していることを記しておきたい。

注　以下の表現は、次のように略記する
(1)　プロレタリアートの独裁――プロ独裁
(2)　プロレタリア文化大革命――プロ文革
(3)　共産主義社会と高度な共産主義社会の区別
前者は、一般的な広義共産主義社会（その第一段階が社会主義社会といわれる）の意味である。第一段階の社会主義社会が発展して高度な共産主義社会に至る。後者については、「高度な共産主義社会」と明記する。

第一部　革命後一〇年間におけるソビエト政権の変質過程
――「スターリン政治体制」への移行――

ソビエト民主主義はソビエト政権のもっとも重要な基盤であった。ソビエト民主主義なしに革命政権はありえなかった。ソビエト民主主義の閉塞はソビエト政権の成立基盤を根底から掘り崩す危険性をもっていた。

第一章　ソビエト政権の誕生と変質

1　『裏切られた革命』におけるトロツキーの述懐

一九一七年一〇月のロシア革命は、新しい時代の幕開けを告げた。樹立された革命政権は『勤労被搾取人民の権利の宣言』によって、抑圧と搾取、いっさいの差別のない真に自由で平等な社会の実現をめざすことを全世界に向けて表明していた。

しかし、世界の被抑圧人民と被抑圧民族が大きな期待を寄せたロシアのソビエト政権は、政権樹立後の一〇年間に大きく変貌してしまった。それは政権の変質であった。

トロツキーは、革命政権を襲ったこの大きな変貌について、後年、次のように述懐している。

「うつろいやすさのみが不変であるこの世界では、なにごとも相対的である。ボルシェビキ党の独裁は、史上最も威力ある進歩の一手段であった。しかし、ここでもある詩人の言葉を借りれば『理性は非理性に、善行は疫病になる』である。野党の禁止は、フラクションの禁止を招いた。フラクションの禁止は、無謬の指導者と異なる考えをもつことの禁止に終わった。党の警察的な一枚岩体制は官僚の専横を招き、それがあらゆるたぐいの堕落と腐敗の源となった。」(トロツキー『裏切られた革命』、岩波書店)

「史上最も威力ある進歩の手段」とみなされたボルシェビキ党の独裁は、「理性は非理性に」、「善行は疫病」へと変わっていったという。野党の禁止はボルシェビキ党内のフラクション禁止を招き、フラクション禁止は次には「無謬の指導者と異なる考えをもつことの禁止」へとつながっていった。最後に行きついた「党の警察的一枚岩体制は、官僚の専横を招き、それがあらゆる堕落と腐敗の源泉となった」という。

なぜこのような事態が起ったのか。

2　革命政権の母胎——ソビエトとソビエト民主主義

一〇月革命によってボルシェビキ党と社会革命党など他政党との連合政権が成立した。連合政権は、ツアー専制との闘争のなかから産まれてきたプロレタリア民衆の闘争組織・ソビエトを母胎としていた。

ソビエトはソビエト民主主義によって生命力を得ていた。ソビエトに参集する諸党派は自己の政綱を自由に発表し、ソビエト民衆はそれらを見較べて前途の進路を決定した。ボルシェビキ党もそのなかの一党派であった。ボルシェビキ党は、その政策と革命への献身からソビエト内での信頼を次第に獲得し、政権の一翼を担ったのであった。トロツキーはソビエト民主主義のなかでソビエト議長の席に推されていたのであった。

ソビエト民主主義はソビエト政権のもっとも重要な基盤であった。ソビエト民主主義なしに革命政権はありえなかった。ソビエト民主主義の閉塞はソビエト政権の成立基盤を根底から掘り崩す危機性をもっていた。

3　革命政権の分裂

一九一八年三月、社会革命党が連合政権から離脱した。ブレスト講和問題や農民からの穀物徴発についてのボルシェビキとの対立が主な原因であった。社会革命党は農民を基盤としていた。当時、社会革命党とメンシェビキ党は、すぐにでも後の「新経済政策」と類似の政策をとるべきで「戦時共産主義」の段階を経る必要はないと主張していた。穀物の強制徴発は農民の反発を招き、それは労農同盟の破綻につながる危機性があった。

しかし、ボルシェビキ党中央委員会は「戦時共産主義」の実行に踏み切った。剰余農産物の強制徴発にたいし、白軍は農民の反発を利用しながら、これをソビエト政権に反対する闘争へと転化させた。こうしてまだ未然に防げる可能性があったと思われる食糧徴発問題から、大規模な内戦が生み出された。

ボルシェビキ党にとっては、慎重さと忍耐を要する重要な時期であった。内戦はその結果がどうであれ、労農同盟を破壊し、政権の危機を増幅させることは十分に予想されたからである。

社会革命党が離反し、続いてメンシェビキ党も去った。メンシェビキ党の内部は様々で一色ではなかった。この差異にボルシェビキ党は慎重に対処すべきであった。

クロンシュタットでは民衆の反乱が起った。民衆は「共産党一党独裁反対！」を叫んでいた。民衆の中には、まだレーニン、トロツキーにたいする期待があった。反乱にはボルシェビキ党員も参加していた。民衆はソビエト民主主義の復活を強く要求していたのである。しかし、ボルシェビキ党は反乱を強権的に弾圧した。

4　ボルシェビキ党内の左翼日和見主義的傾向とレーニン

「戦時共産主義」への突入にみられるように、当時、ボルシェビキ党内では左翼日和見主義的傾向が強まっていた。この傾向は、いっさいの野党を禁止して一党独裁をめざし、党内にあっては中央集権化、位階制、官僚主義化をいっそう推し進めることをむしろ希んでいた。

この推進勢力は、民主主義の閉塞、「戦時共産主義」への道こそむしろプロ独裁強化の道であるとみなしていた。――この推進勢力の中核こそ後に明確なかたちで党内に姿をあらわす政治局内の「トロイカ」(ジノヴィエフ、カーメネフ、スターリンの三人組、後にスターリン派に収斂）に代表される勢力であった。

レーニンは当時どのような立場にあったたか。レーニンは政権護持の立場から単独政権もやむなしとみなし、一党独裁の道へと進んでいった。プロ独裁についてレーニンの左翼日和見主義的見解とかれの特有の党組織論は、極左日和見主義への傾向を促進させていた。

5　レーニンのプロ独裁論におけるマルクス理論からの背離

プロレタリアートが政権を掌握した後、将来のアソシエーション（協同社会）の実現に向けてどのような過渡的政策を採るかは、政権のもっとも重要な問題である。社会主義への過渡的政策には、政治上、経済上、文化・イデオロギー上などの諸政策があるが、特に重要なのは政治上の過渡期方策である。

マルクスとエンゲルスは、一八七一年のパリ・コミューンの経験後、歴史の経験をふまえて、過渡期にはブルジョアジーの反抗を防ぐためにプロ独裁が必要であると強調してきた。しかし、かれらはプロ独裁の必要性を単に強調しただけではなかった。かれらは、他方で、パリ・コミューンの労働者たちがおこなった自らの国家にたいする革命的原則の適用を高く評価したのであった。

それは、労働者の代表や官吏の民主的な選出と解任制、労働者並みの賃金、官僚の出世主義を防止するためのいっさいの特権の廃止などの諸措置であった。エンゲルスのいう自らの「国家」にたいする閂（かんぬき）策(注1)である。この閂策によって過渡期国家の変質を防止するというのであった。

マルクスとエンゲルスのプロ独裁論は、一方でのプロ独裁の必要性、他方でのプロ独裁国家にたいする国家死滅策の適用という、二つの側面の統一としてとらえなければならない。

レーニンはプロ独裁の問題でマルクスから大きく背離していた。それは次の諸点に特徴的に示されている。

①プロ独裁は、広義共産主義社会（その第一段階が社会主義社会であり、それが発展して高度な共産主義社会に到る）への移行とともに死滅（消滅）するにもかかわらず、かれは高度な共産主義社会に到るまで死滅しないとした。

②「国家死滅の経済的基礎」を生産手段所有制の廃絶＝いっさいの階級と階級差異の消滅に置かず、高度な共産主義社会に到る「経済的基礎」の消滅に置いた。つまり、分業への人間の隷属や精神労働と肉体労働の差異、農業と工業との差異、都市と農村との差異など三差異の消滅に置いた。そして、高度な共産主義社会に到るまで、プロ独裁国家は死滅せず存在すると主張したのであった。

レーニンのこのような「国家びいき」ともいえる左翼日和見主義的マルクス解釈は、当時の極左傾向を代表していた。このような見地は、マルクスの科学的社会主義の観点を根底から覆す危険性をもっていた。

レーニンのマルクス理論からの背離は、その有名な著作『国家と革命』の第五章「国家死滅の経済的基礎」に表明されている。この問題については、「いくつかの理論的問題」でより詳しく検討する。

6　ブランキスト的党組織論とレーニン

レーニンが左翼日和見主義的傾向に陥った背景には、かれ特有の党組織論がある。レーニンの党組織論の基本観点は、『なにをなすべきか』『一歩前進二歩後退』に特徴的に示されている。それは、専制ロシアという条件付きではあったが、「各人の自由な発展が万人の自由な発展の条件となるようなアソシエーション（協同社会）」をめざすマルクスの思想・理論からすれば異質なものであった。

この組織路線の特徴は、軍隊的な上意下達の中央集権主義路線にあり、党内の民主主義を否定するところに重要な特徴があった。

それは、少数者による政権奪取をめざしたから、民衆の力よりも党組織を重視し、民衆の上に党組織を置いていた。このような思想的観点からすれば、民衆の民主主義とは無関係に、民主主義抜きのプロ独裁が可能であった。それは、プロ独裁と民衆の民主主義との不可分の関係についての理解ではなく、両者の分離を特徴としていた。プロレタリア民主主義とは無関係に、プロ独裁が存在するのである。ここから、民主主義蔑視の観点がでてくるのはいわば必然であった。

レーニンの党組織論にたいしては、ローザ・ルクセンブルグがマルクスの思想にもとづく原則的批判の観点を提示していた。トロツキーは、中央委員会が党大会を代行し、次には政治局が中央委員会を代行し、最後には政治局の独裁者が全党を代表するという、代行制の行き着く先を見通したかのような鋭い批判を提起していた。これらの論争と批判が継続されなかったことは、後の国際労働運動にとって不幸であった。

　中央集権主義の組織的路線によって導かれる将来社会は、マルクスのいう「アソシエーション」（協同社会）ではなく、特権官僚の支配する「国家社会主義」であった。それは、ヒトラーの「国家社会主義」とほとんど変らず、「マルクス・レーニン主義」を掲げてプロレタリア民衆を欺瞞したことでより犯罪的であった。

7　コミンテルンの二一ヶ条規約

　一九一九年に国際プロレタリアートの連帯組織である第三インターナショナル＝コミンテルンが組織された。第二インターナショナルの右翼日和見主義にたいして、それは「左」の偏向を示していた。コミンテルンの二一ヶ条規約にはその特徴が端的にあらわれていた。

　ジノヴィエフの起草といわれるその第一二条には、次のように記されている。

「共産主義インターナショナルに所属する党は、民主的中央集権制の原則にもとづいて建設されなければならない。現在のように激しい内乱の時期には、党が最も中央集権的に組織され、党内に軍事的規律に近い鉄の規律がおこなわれ、党中央部が広範な全権をもち、全党員の信頼を得た、権能ある、権威ある機関である場合にだけ、共産党は自分の責務を果たすことができるだろう」（『コミンテルン史』ケヴィン・マクダーマット、ジェレミ・アグニュー著、萩原直訳、大月書店）

　民族的な、地理的な、宗教的な、様々な特殊性をもつ世界各国の運動を一国の運動のようにみなし、コミンテルン指導部のもとで一元的に指導するがごときは、観念論者の妄想であった。そこでは国際プロレタリアートが遵守すべき原則的な観点が共通の理念として確認され、国際主義が奨励されるべきであった。

コミンテルン規約はボルシェビキ党の極左傾向を表示していた。コミンテルン執行委員会が世界各国の運動を指導するというのである。そのようなことが果してできるのか。中国第二次革命は、このようなコミンテルンの指導下で断行されたのであった。

8 グルジア問題にみる民族問題での偏向

民族問題はソ連邦の重要問題であった。後にそれはソ連邦崩壊の要因ともなった。グルジア問題は、民族問題におけるボルシェビキ党の偏向を示していた。スターリンの「自治共和国化案」の危険な兆候はすでに表われていた。

グルジアではメンシェビキが政権の座にあった。当地のメンシェビキはボルシェビキとの関係も良く、民衆の信頼も得ていた。ところがスターリンとトランスコーカシア委員会のオルジョニキーゼは、現地のボルシェビキの頭越しに軍隊を派遣し、メンシェビキ政権を放逐したのであった。この問題はトロツキーの抗議をうけ、問題はレーニンのところまで行った。しかし、当時のレーニンはスターリンとトランスコーカシア委員会の側にあった。

民族問題でレーニンがスターリンらと対立するようになるのは、後年の二二年末である。かれはグルジアの同志たちに自らの誤りを自己批判し、スターリンらの民族排外主義との闘争を誓うが、しかし、その時にはスターリンの「自治共和国化案」はボルシェビキ党によってすでに承認されていた。こうして、ボルシェビキ党は国際主義から離れ、民族主義の泥沼にはまり込んでいったのであった。

9 「新経済政策」の遅延

食糧問題を解決するには、農民との関係を改善する必要があった。トロツキーは「戦時共産主義」の弊害をいちはやく見抜き、ゴスプラン（国家計画委員会）に権限を与え「新経済政策」の策定を提案していた。しかし、レーニンの同意は得られなかった。

当時レーニンの考えていた国家資本主義策は、小規模で限定的（『穀物税について』参照）なので、トロツキーのいう社会主義への過渡期全体を包含し貫徹する経済政策とのあいだにはまだ大きな差異があった。レーニンがトロツキーに同意するのは、もっと後のことである。

レーニンは後に、ボルシェビキ党内にも、また国際的にも、「新経済政策」の意義が理解できず「戦時共産主義」からの後退を意味する右翼日和見主義ではないかとみなす見解が多いことを知り、コミンテルン第四回大会での特別報告『ソビエトロシアの新経済政策と世界革命の展望』をトロツキーに依頼したのであった。

しかし、「新経済政策」に対する当初のレーニンの不同意と遅延は、時間が決定的な意味をもった当時の状況下では、致命的意味を持った。

10 労働者民主主義と「分派禁止令」

ボルシェビキ党が左翼日和見主義的傾向から脱却する可能性があったとすれば、それは一九二一年の第一〇回党大会の時期であった。ようやく「新経済政策」の採用が決まり、党建設上では党内労働者民主主義への回帰が決定されたからである。

「戦時共産主義」はボルシェビキ党に重大な影響を及ぼしていた。一方に、中央集権主義と警察的な一枚岩体制を希む勢力があれば、他方では、党内民主主義の閉塞を強く危惧する勢力もあった。「労働者反対派」や「民主主義的中央集権派」などは後者に属していた。両者は、同じ党内で併存し相争っていたのである。

しかし、同大会では、平時（戦時を省く）においては、党の組織路線は党内民主主義を基軸とするという決議が採択された（「党の建設について」）。重要な決議であった。

だが、それは同じ大会で提出された「分派禁止令」によって事実上葬られてしまった。「分派禁止令」の提案者はレーニンであった。

社会に諸階級が存在する以上、そこには様々な思想や見解が存在する。これは客観的事実である。これを禁止すればもぐらたたきをしてまわるしかない。しかし、もぐらは地下にもぐるだけでけっして消滅することはない。異論を外から押さえこむことができるなどと考えられるのは、観念論者だけである。しかし、この観念論は党内に「無謬の指導者と異なる考えをもつことの禁止」を迫った。「分派禁止令」を行使できるのは党内の支配的な一つの派閥だけであった。かれらの意に逆らえば分派とされるのである。これは後にトロツキーら党内反対派を強く拘束し、「スターリン政治体制」への有力なテコとなった。

一方での「労働者民主主義」の決議、他方での「分派禁止令」の決議。この相反する決議は、レーニンとボルシェビキ党が陥った当時の状況を反映していた。だが、事態は労働者民主主義発揚の方向ではなく、分派禁止令強化の方向へと向かっていった。ボルシェビキ党内にあった活溌で自由な議論と活動は閉塞されていった。

11　袋小路に陥ったボルシェビキ単独政権

ボルシェビキ政権は一歩一歩と孤立し、袋小路に陥っていった。かれらの主観とは反対に、かれらは自らの足場を掘り崩していた。

ボルシェビキ党をこのような苦境に追い込んだのは、左翼日和見主義の思想傾向であった。それは、プロ独裁論とレーニンの党路線論に特徴的にあらわれていた。これらの極左的傾向は最終的にソビエト民主主義を圧縮し、ついには絞殺した。

ボルシェビキの思想、理論にみられる欠陥は、「スターリン政治体制」をもたらしたのであった。

（注1）『フランスにおける内乱』へのエンゲルスの序文。
「このように国家と国家機関とが社会の従僕から社会の主人にかわるのは、これまでのどの国家でも避けられないことであったが、コンミュンは、そうならせないために二つのたしかな手段をもちいた。それは、第一に、行政、司法、教育上のいっさいの地位につくものを、関係者の普通選挙権にもとづいてえらび、しかもその関係者がこれをいつでも解任できることにした。また第二に、地位が高かろうが低かろうが、あらゆる職務にたいしてほかの労働者並みの賃金しか払わなかった。総じてコンミュンが払った最高の俸給は六〇〇〇フランであった。それによって、地位争いや出世主弄をしめだすたしかな閂（かんぬき）がかけられたのだった。なおそのうえ、いろいろな代議機関への代表にたいする拘束的委任の制度さえつけくわえられたが、そうするまでもなかったのである」。

第二章　ボルシェビキ政権の孤立化と党内矛盾の先鋭化

1　トロイカとレーニンの対立

ボルシェビキ党の孤立化は、党内矛盾を先鋭化させた。野党の禁止はボルシェビキ党にはね返り、ボルシェビキ党内でのフラクション禁止を招いた。二二年初頭からのレーニンの病欠は、党内矛盾の先鋭化をさらに加速させた。

レーニンの病欠中、政治局の党務を代行したのはトロイカであった。トロイカはその日和見主義的特徴をもはや隠せなくなっていた。政権樹立後の前半期には悪くなかったレーニンとの関係は、二二年以後の後半期には、悪化の一途をたどることとなる。それは、ついにはM・レヴィン（『レーニンの最後の闘争』M・レヴィン著、河合秀和訳、岩波書店）のいうレーニンの「最後の闘争」にまで行きつくこととなる。

レーニンの「最後の闘争」と言われるのは、一九二二年から二三年三月（レーニンの政治的引退）までの一年あまりの短い期間である。特にその内容を示す口述書簡について言えば、二二年末から二三年三月にかけてのきわめて短い期間である。

2　レーニンの口述書簡

これらの書簡を口述された順序にしたがって示すと、次のとおりである。

一、「外国貿易の独占について」、一九二二年一二月一三日、一九三〇年に雑誌『プロレタールスカヤ・レブリューツィヤ』に初めて全文発表。（レーニン全集第四版、第三三巻、大月書店）

二、「大会への手紙」、一九二二年一二月二三〜二六日、「追伸」、一九二三年一月四日、一九五六年に雑誌『コムニスト』第九号に初めて発表。（レーニン全集、第三六巻）

三、「ゴスプランへの立法権の付与について」、一九二二年一二月二七〜二九日、一九五六年『コムニスト』発表。（同前）

四、「少数民族の問題または『自治共和国化』の問題によせて」、一九二二年一二月三〇〜三一日、一九五六年『コムニスト』発表。（同前）

五、「日記の数ページ」、一九二三年一月二日、一月四日『プラウダ』発表。（レーニン全集、第三三巻）

六、「協同組合について」、一九二三年一月六日、五月二六〜二七日『プラウダ』発表。（同前）

七、「わが革命について」、一九二三年一月一六日、五月三〇日『プラウダ』発表。（同前）

八、「われわれは労農監督部をいかに改組すべきか（第一二回党大会への提案）」、一九二三年一月二三日、一月二五日『プラウダ』、重要な部分を一部削除して掲載。（同前）

九、「量は少なくても質のよいものを」、一九二三年三月二日、三月四日『プラウダ』発表。（同

前）

これらの書簡は、そのほとんどが来るべき党大会向けに口述されていた。レーニンの秘書たちはレーニンは「爆弾」を準備していると極秘に語っていたが、それはレーニンのスターリンらへの闘争宣言書でもあった。レーニンは、二三年四月の党大会において、トロイカとの原則的な路線上の対立をあきらかにし、スターリンの書記局からの更迭をも含む党改革を提出しようとしていた。そのような原則的問題を解決しなければ、党と革命の前途は拓けないと考えていた。

3　三つの問題でのレーニンとトロツキーとの同盟

トロツキーとトロイカの面々、とりわけスターリン、ジノヴィエフとの対立は内戦期から続いていた。トロツキーは政治局内でひとりトロイカと闘っていた。レーニンは、周りを見渡せば、トロツキー以外に頼りになる人物は他にいなかった。党内の大勢は次第にトロイカの側へと傾いていた。

レーニンはトロツキーに同盟を求める。それは、レーニン自身による分派禁止令無効の表明でもあった。分派禁止令は党内の実権を握る一派閥にだけに有効であった。その派閥に反対する者はすべて、分派禁止令によってとがめることが可能であった。しかし、トロイカは、この強力な武器をけっして手離そうとはしなかった。

三つの問題（貿易の国家独占問題、民族問題、官僚主義と党改革問題）中、貿易の国家独占問題ではトロイカは樽の底に穴を開けようと画策していた。

レーニンは、トロツキーへの書簡で次のように述べている。

「同志トロツキー！

クレチンスキーとアヴァネソフの計画とに対するあなたの意見を受けとった。われわれの間には最大限の一致があると、私には思われるし、ゴスプラン問題はいま提起されているかたちでは、ゴスプランにとって命令権が必要かどうかという論争を生じさせる余地はない（あるいはそれを棚上げしている）と考える。

いずれにせよ、外国貿易の独占の維持と強化が絶対必要だというわれわれの共通の見地を、次の総会で擁護するよう、ぜひお願いしたい。さきの総会はこの点で、外国貿易の独占にまったく反する決定を採択したし、またこの問題で譲歩することはできないのだから……この問題でわれわれが敗北した場合には、われわれはこの問題を党大会へ移さなければならなくなると考える。」

（レーニン全集第四五巻、七八三頁）

民族問題とは、民族自決権の問題であり、連邦制（国家同盟）にかかわる重要問題であった。この問題では、レーニンは長期にスターリンらにあざむかれていた。レーニンがそれに気づき、グルジアの党員たちに自らの自己批判を送った時には、スターリンの「自治共和国化案」に基づく連邦制はすでに中央委員会の承認を得ていた。

「（厳秘）

同志ムディヴァーニ、マハラーゼ、その他あて（同志トロツキー、カーメネフに写し）親愛なる同志諸君

私は、あなたがたの事件を心をこめて追っている。私は、オルジョニキーゼの無法ぶりと、スターリンとジェルジンスキーの共謀に対して憤激している。私は、あなたがたのための覚書と演説を準備しつつある。

尊敬をこめて、レーニン

一九二三年三月六日」（レーニン全集、第四五巻、七九三頁）

官僚主義の著しい増長に驚いたレーニンは、その対策をトロツキーに問うている。ボルシェビキ党は、官僚の腐敗と官僚主義を防止する対策としてラグクリン（労農監督部）を設けていた。ラグクリンの責任者はスターリンであった。

ラグクリンは「官僚主義の巣窟」として人々の間で評判になっていた。それはレーニンの耳にも入っていた。

「われわれは労農監督部をいかに改組すべきか」のなかで、レーニンは次のように指摘している。

「率直に言おう。労農監督部は、現在のところ、いささかも権威をもっていない。わが労農監督部の機関ほど悪くつくられている機関はなく、また、現在の条件のもとではこの人民委員部の

責任を問うことができないことは、誰でも知っている」

「私は、労農監督部の現在の指導者またはこの部に関係している誰に向かっても、労農監督部のような人民委員部は、実際になんの必要があるのかを、彼が良心に従って私に告げることができるかどうか、聞きたい。この質問は、彼が節度感を見いだす助けになるであろう」(同前)

トロツキーは、官僚主義はボルシェビキ党内の官僚主義に根ざしており、これとの闘争は容易ではないと解答した。レーニンはとっさにトロツキーの真意を理解したらしく、それでは党の組織部(書記局はその一部)から問題に接近しようと応えたという。トロツキーとの同盟は成立したが、それ以上この問題での進展はなかった。レーニンの政治的引退が迫っていたからである。

しかし、レーニンはこの問題を追求していた。それらはレーニンの党改革案のなかに示されている。

レーニンの党改革案は、ラグクリンの改組や中央委員会と中央統制委員会の改革にみられるようにあくまでも上から改組案であった。それは、労働者民主主義に基づいて全党員を起ち上がらせ、党指導部も直接選挙制によって選抜するなど、下からの徹底した改革案ではなかった。それは、レーニンが依然として中央集権主義の党組織論から抜け出していないことを示していた。

4　トロツキーの過渡期経済政策の特徴

ここで、トロツキーが提示した過渡期経済政策の一端を紹介しよう。それは、コミンテルン第四四大会での報告「ソビエト・ロシアの新経済政策と世界革命の展望」（後に「社会主義革命の視点からみたソビエト・ロシアの経済状態」に要約）と第十二回党大会の「工業報告」に示される。二つの報告は、マルクスの経済学説の過渡期社会への適用として依然として有効である。（トロツキー「社会主義と市場経済」大村書店）

「資本主義体制と完成した社会主義との間には、長期の一時代が存在しなければならず、その間にプロレタリアートは資本主義的な流通（貨幣、取引所、銀行、原価計算）の方法と組織形態を利用することによって、市場を統御し、集中化し、統合し、究極的には市場を廃止し、これを、過去の経済発展の全体から出てくる、そして将来の経済活動の前提となる集権的な計画におきかえていくのである。現在、ソビエト共和国はこの道を歩んでいる。終局の目的よりは、まだはるかに出発点に近いとはいえ、経済の調整のために資本主義がつくりあげた方法や制度を、経済の調整のために利用するという問題について言えば、それは、すべての労働者国家が資本主義から社会主義にいたる途上で、なんらかの度合いでこの段階を通らなければならない。建設されつつある社会主義がいまだ資本主義の外被のもとで生き、発達しているというこの段階を、労働者国家がいかなるスピードで通りぬけるか、それは上述の政治状況、組織的・文化的水準、生産力水準によって決まる。後の両方の水準が高ければ高いほど、労働者国家は社会主義経済への移行を、ついでは完全な共産主義への移行をそれだけ速く遂行する」

「すべての鉄道が国家の手に移された後にも、個々の鉄道路線ないし個々のグループの鉄道路線に……経済上の独立性をゆるす必要性が生じる。抽象的な技術計画や形式的な社会主義的目的は、それだけでは、鉄道の経営を資本主義の軌道から社会主義の軌道に切りかえるためには十分ではない。一定の、しかも長い期間、労働者国家は、鉄道網の経営のためにさえ資本主義的な方法、つまり市場の方法を利用しなければならない。

以上述べたことは、資本主義のもとで、鉄道とはちがって、わずかな程度でさえ中央集権化されず規格化されていなかった工業企業には、一段とよくあてはまる。市場と信用制度を廃止した後には、それぞれの工場は、電線を切られた電話に似ていた。戦時共産主義は、経済統一の官僚主義的な代替物をつくりだした。ウラル地方やドネツ炭田やモスクワやペトログラードその他の機械製造工場は、単一の中央管理局（グラフク）の管轄のもとで統一され、中央管理局は、これらの工場に燃料や原料や技術設備や労働力を中央集権的に配備し、均等な配給の制度によって労働力を維持した。こうした官僚主義的な管理が、それぞれの企業の特殊性を完全に均等化し、それぞれの企業の生産性や収益性を点検する可能性そのものを一掃した、ということは全く明瞭である」。

スターリン主義の「官僚的指令経済」方式とトロツキーの経済政策との根本的相違点は、あきらかであろう。

5　転回点——第十二回党大会

一九二三年四月、第十二回党大会が開催された。レーニンとトロイカとの対決が予想された大会であったが、レーニンの「爆弾」は不発に終った。大会の一ヶ月前の三月十日、レーニンは病いに倒れ、政治的引退に追いやられたからである。

レーニンが大会のために準備してきた口述書簡やグルジア問題の調査資料などは、党員大衆の前に披瀝されることはなかった。レーニンはそれらをすべて党員大衆の前にあきらかにし、この対立と闘争が党の命運を決する原則的なものであることを示そうとしていた。

レーニンはその任務をトロツキーに託したが、トロツキーはそれを十分には果すことができなかった。年来の友人でスターリンらに抗議してピストル目殺したヨッフェの遺言は、的を射ていた。

ヨッフェは、永続革命の論争では、トロツキーが正しかった、とレーニン自身がヨッフェに語ったという歴史的事実を伝えて、トロツキーを励ましていたが、もうひとつ、レーニンをひきあいに出して、トロツキーに忠言していた。それは党内闘争の帰結と関連していた。

ヨッフェは、次のように語っていた。

「しかし、あなたのうちに、レーニンの強情で、頑固な性格、レーニンが正しい道だと信じた道にたったひとりで立ち、そこにとどまったあの力を、十分にもっていられなかったと、ぼくはいつも考えていました……あなたは協定とか妥協とか、自分でその価値を過大に評価したことのために、あなた自身の正しい態度をしばしば放棄された」（トロツキー文庫）。

レーニン不在の第十二回党大会で命びろいしたのは、トロイカであった。トロイカは、レーニン不在のいまこそ党の団結が必要だと声高に叫びながら党員大衆を愚弄していた。

第十二回党大会はボルシェビキ党の転回点を印す大会であったといえよう。スターリン派の指導権を覆す機会があったとすれば、この大会以外にはなかった。それもレーニンのあってのことで、レーニン不在の大会ではその可能性は消失していたといえよう。

第三章　トロツキー・党内反対派による党内闘争の継承

レーニンは二四年一月二一日、死去した。レーニンが大会向けに残した「大会への手紙」（レーニンの政治的遺言）は大会では報告されなかった。トロツキーは十二回党大会での敗北の懲罰を自ら受けた格好であった。トロイカは約束など履行せず、トロツキーを「反レーニン主義」者に仕立てあげる党内カンパニアにさらに拍車をかけていた。

1　トロツキーの中央委員会への意見書と四六名の声明

トロツキーが政治局のなかで論争している間は、トロイカは安泰であった。政治局内の重大な対立が外へもれることはなかったからである。

トロツキーがそのわくをとび越えたのは、二三年十月の中央委員会への意見書提出によってであった。トロツキーは、党内民主主義が危機的情況に陥っていること、十二回党大会後指導部が経済政策上の無能ぶりを示し経済危機が進行していること、そしてかれとレーニンとの関係について事実にもとづいてトロイカに反論していた。

トロツキー意見書の一週間後、今度は党内の四六名の著名士からなる意見書が提出された。意見書は、分派禁止令の廃止と同意見書の全党への公開を要求していた。

トロイカ指導部はトロツキー意見書にはまともに応えず、トロツキーも四六人も分派禁止令にふれるとして恫喝した。

2　新路線論争とトロツキー

新路線論争は、党内民主主義の擁護を掲げてトロイカが仕組んだものだった。モスクワでもペテルブルグでも、全国集会は党内反対派が優性だった。とりわけ青年層ではトロツキーの声望は圧倒的だった。

トロツキーの青年に向けた次の発言は、トロツキーの真情を吐露していた。

「青年がわれわれの定式を繰り返すだけでは全く不充分である。青年が闘って革命的定式をかちとり、それを自分の血肉と化し、自分で自らの考え、自らの顔をつくりあげ、かつ必要とあらば衷心からの確信と独立不羈とによって与えられるようなたくましさを発揮して、自らの考えのために闘うことができるということが必要なのである。受動的な服従、上司に対する機械的同調、自己喪失、追従、出世主義を党から追放せよ！　ボルシェビキは規律の人間であるだけではない。否、それはそれぞれの場合に深く掘り下げながら自分でしっかりとした考えをつくりあげ、敵との闘いにおいてのみならず、自らの組織の内部にあっても、それを雄々しく自主的に主張する人間である」（トロツキー「新路線」、藤井一行訳、柘植書房）

トロツキーの声望に驚いたトロイカは、早々に全国集会をとりやめにした。

3　トロツキー『十月の教訓』

二四年秋、トロツキーはかれの著作集の出版に際して、『十月の教訓』と題する長文の序文を書いた。この序文のなかでかれは、歴史の教訓にかこつけて重要な指摘をおこなった。それは、ロシア革命が保守的な右翼によってまたもや裏切られつつあることを示唆していた。

トロツキーは、二つの事件を取りあげていた。ひとつは、一九一七年のロシアにおける革命である。一九一七年の二月革命から一〇月革命にいたる革命の動乱期に、ボルシェビキ党内には二度の大きな転換期があり、この転換期に重大な党内対立があらわれた。はじめは、レーニンが帰国した直後の「四月テーゼ」の時期である。この時多くのボルシェビキは、メンシェビキ的観点にひきずられて、レーニンのテーゼについていけなかった。レーニンは、少数派であった。次は、一〇月の決戦の時期である。この時も革命は、裏切られようとした。レーニンは党内の右翼からの攻撃をうけ、これらの勢力は、蜂起を外部にもらすことまでした。

もうひとつは、つい先ごろ起こった、ドイツ革命の事件である。トロツキーは、ドイツ革命の失敗は、指導部がその不決断から時期を失し、革命の転換期に能動的に対応しなかった、右翼的誤りに起因するとみなしていた。

一九一七年のロシア革命を裏切ろうとし、また先頃のドイツ革命を指導していたのは、どのような人々であったか。トロイカは、この二つの事件の主要な人物であった。特にジノヴィエフとカーメネフは一〇月のエピソード的人物であったし、ドイツ革命を指導していたのはコミンテルン議長ジノヴィエフであった。スターリンもまた、その後についていた。トロツキーは、二つの特徴的な歴史的事件をとりあげながら、国内と国際の二方面で、プロレタリア革命が、保守的な右翼によって裏切られつつあることを、暗示したのであった。

「十月の教訓」はトロイカにとっては青天のへきれきであった。いづれも歴史の事実だったからである。

4 トロイカの分裂と合同反対派の結成

二五年末にトロイカの分裂が起る。スターリンはモスクワとペテルブルグでカーメネフとジノヴィエフの地盤を切り崩しつつあった。さらにスターリンは「一国社会主義」論をもって登場しようとしていた。ジノヴィエフらもさすがに「一国社会主義」に賛同するわけにはいかなかった。かれらの後には、レーニン夫人・クルプスカヤがひかえていた。

トロツキーはジノヴィエフらとの合同反対派の結成に踏み切った。しかし、右や「左」へとたえずゆれ動くこの日和見主義者との合同は、トロツキーらにとっては何らの利ももたらさなかった。トロツキーらとの意見の相違もあったうえに、かれらはスターリンの恫喝に屈服し、再びトロツキー派と決別するからである。

5　中国革命問題の浮上とコミンテルンにおけるトロツキー最後の演説

一九二七年、中国革命の問題がコミンテルンで急浮上する。スターリン、ブハーリンらは中国革命問題を極力秘匿してきたが、しかし、この大国の革命問題をひた隠しすることはできなかった。

二六年から二七年にかけて、中国第二次革命は巨大な発展を示し、二七年四月にはその頂点に達しようとしていた。

トロツキーは、コミンテルンでの最後の演説を行う。

「世界史的問題は、全インターナショナルによって、公然と、真剣に、討議されなければならない。討議はどんなに尖鋭になろうと、毒意のある調子や、個人的迫害や、中傷をもってなされてはならない。すべての文書、演説、テーゼ、論文は、インターナショナルの全メンバーの手に入るようにしなければならない。中国革命はビンの中に詰め込み、上から封印しておくことはできない」(「中国問題に関する第一の演説」トロツキー「中国革命論」山西英一訳、所収)。

彼はまた次の演説で、スターリンを名指ししながら、意味深長な結語を述べた。

「もしも諸君がショービニズムの悪魔に指一本でも与えるなら、諸君は破滅しなければならない。毒を含む非難をあげながら、スターリンはこの指をさしのばしているのである。われわれは、このことをこの席ではっきり言明する。また国際プロレタリアートのまえで、これを公然と言うであろう」(「中国問題に関する第二の演説」)。

コミンテルンのその後の歴史は、トロツキーの示唆を裏書きした。

四月の上海大虐殺後もスターリンらはその真相をひた隠しにし、蒋介石の準コミンテルン会員加盟を賛えていた。

6　スターリン派によるトロツキーら党内反対派の追放（一九二七年）

一九二七年の十月革命革命十周年記念日に、党内反対派は「レーニンの遺言を公開せよ！」のプラカードを掲げたデモ行進を敢行する。デモ行進は、ゲ・ペ・ウ（公安警察）の暴力によって弾圧された。ゲ・ペ・ウはいまや公然と反対派を襲うようになっていたし、周りの空気も十月革命時とは全く異ったものとなっていた。

二七年末、スターリン、ブハーリンらはトロツキーと党内反対派の追放を決議する。トロツキーはアルマ・アタへ、その他の反対派も辺境の地へと送られた。事実上の「スターリン政治体制」への移行であった。

第四章　小　括

一九一七年十月のロシア革命から二七年の党内反対派追放まで、約一〇年間にわたるソビエト政権の軌跡をみてきた。それは、ソビエト政権の大きな変貌という事実であった。労働者階級の政権として産まれ、アソシエーション（協同社会）をめざすものとみなされていた政権は、労働者階級を抑圧する反対物へと転化したのであった。

どうしてこのような事態が起ったのか。その根本原因はどこにあるのか。この問題こそ、われわれが一〇年間の歴史的事実から解明すべき重要問題であろう。

①　まず最初にあきらかなのは、ソビエト政権の成立当初から、ボルシェビキ党内には左翼日和見主義的傾向が濃厚に存在していたという事実である。この傾向は、ソビエト民主主義を尊重しない傾向として、そして次には、ボルシェビキ単独政権こそがプロ独裁強化の最良の手段だとみなす見解につながっていた。

ボルシェビキ党のプロ独裁論は重大な欠陥をもっていたのであった。

人々は、民主主義の閉塞がやがてはわが身にも延ぶことになるだろうとは、露ほども思いはしなかった。しかし、野党の禁止は、次には、ボルシェビキ党内のフラクション禁止令へとつながっていった。分派禁止令は、ボルシェヴィキ党の変質への一つの里程標とも言える。ボルシェビキ党の党員は、分派禁止令のもとで中央の意見にもの申すことができなくなってしまった。中央の見解に異論を唱えれば、分派とみなされるからである。このような事態は、以前の党内ではとても考えられない事態であった。このような事態の到来は、分派禁止令を臨時措置として提案したレーニン自身にとっても想定外であっただろう。

一九二二年以後の党内矛盾の先鋭化のなかで、レーニンはトロツキーと同盟を結んで、トロイカ（後にスターリン派に収斂）に対抗するが、しかし、党内の体制はすでにトロイカ側に傾むいていた。トロイカの明確な形成は、ソ連邦における新しい「ノーメンクラトーラ」（新しい特権官僚支配層）形成の端初を示していた。

② レーニンはその著作『国家と革命』において、パリ・コミューンが自らの国家にたいしておこなった革命的原則（官吏の選挙制、労働者並みの賃金の適用、いっさい特権の廃止など）の適用を絶賛していたが、ロシア革命には、この革命原則をほとんど行使していなかった。

後にレーニンは、次のように告白している。

「外務人民委員部を除いて、わが国家機関は、旧国家機関の残存物であり、とりたてて重大な変更はほとんど加えられていない。それは軽く上っ面を塗りかえただけのものであって、その他の点では、わが旧国家機関のうちでもっとも典形的に古い」（『量は少くても質のよいものを』レーニン全集、三三巻）

「これまでわれわれは、ごくわずかしか国家機関の質について考えたり配慮したりできないできた」(同右)

反動派の取締り機関として設置された秘密警察を武装した人民のもとに置くことは、重要であった。しかし、それはブルジョアジーの収奪後も縮小されることなく、逆に増強された。数年のうちに、国家機構だけは異常に膨張したのであった。

レーニンはこの事態に驚き、トロツキーに官僚主義問題と党改革問題にどう対処すべきかを問うた。しかし、すでに時期を失していた。

レーニンがパリ・コミューンの原則適用をほとんど行わなかった根本には、共産党の代行性の問題がある。共産党の代行制と人民による直接的な国家権力の管理とは、まったく異るのである。共産党による代行制のもとで秘密警察は異常なまでに膨張し、それはブルジョアジーの取締り機関から党内反対派その背後にある人民へと抑圧の対象を変えたのであった。

スターリンらは、秘密警察をにぎり、国家権力機構内での自派の勢力を拡張していった。このようにして、ボルシェビキ単独政権は、人民の手から離れ、最後には人民を弾圧するまでに変質したのであった。

③　ボルシェビキ党の左翼日和見主義的思想傾向には、レーニンのプロ独裁論における偏向と特有の党組織路線が大きな比重を占めている。レーニンにみられる極左思想は後のスターリン主義を胚胎していた。

④　プロレタリア民衆による厳格な国家権力にたいする革命的原則の適用がなされなければ、すなわち民衆による直接的な国家死滅策が採られなければ、プロレタリア権力といえども必ず変質する。これはロシア革命後一〇年間の実践の経験があきらかにした最大の問題であり教訓である。以後に世界にあらわれた東欧、中国などの政権も、いずれも中途で変質し、プロレタリア民衆の敵対物となっていった。

⑤　レーニンについては、かれがマルクスの思想・理論を継承した部分とそうでなかった部分を明確に区別し、かれの思想・理論の誤った部分は批判されなければならず、後の教訓としなければならない。これらの問題を回避したりあいまいにしては、われわれは、ロシア革命後一〇年間の歴史問題を解決できず、ひいては二十世紀プロレタリア運動に支配的影響力をおよぼしたスターリン主義がどのようにしてうまれてきたかを解明することはできない。

第二部　ソ連共産党・コミンテルン下での中国革命の指導路線

「一九二五年―二七年の中国革命は、いぜんとして一九一七年のロシア革命後における近代史上最大の事件である」（トロツキー）

第五章　コミンテルン下の中国革命の指導路線

一九二一年に創立された中国共産党は、すでに結成されていた国際組織・コミンテルン傘下の中国支部としてであった。以後、二一年から二七年末までの七年間が中国第二次革命といわれる時期である。通例、二五年～二七年の革命と言われるが、それは二五年～二七年の時期に中国革命が巨大な発展を示したことによる。

トロツキーは、中国第二次革命について次のように述べている。

「一九二五年～二七年の中国革命は、いぜんとして一九一七年のロシア革命後における近代史上最大の事件である」

世界中の耳目を集めた中国第二次革命は、当時すでにコミンテルンの指導権を奪っていたスターリン派にとっても最初の試金石であった。スターリン派は中国第二次革命をどのように指導したか。その指導路線・政策はどのようなものであったか。

スターリン主義者による中国革命の指導路線は、「マルクス・レーニン主義」を掲げながらそのじつマルクスの思想・理論とは異った代物だった。それは中国第二次革命を敗北へと導いていった。中国共産党の正統史観・「官方歴史学」はこの革命の真実についていささかも触れようとはしていない。それればかりか、こともあろうに革命流産の全責任を当時の中国共産党書記・陳独秀に帰し、本末を転倒して歴史の真実をあざむいた。

まずスターリン主義者の指導路線について、その概要を知ることからはじめよう。

1　レーニンの戦略とスターリンの戦略

レーニンは、帝国主義列強の圧迫にたいして被抑圧民族の支配階級がこれに反撥する側面があることに着目し、この反撥・抵抗の側面を利用すべきことに言及していた。しかし、かれはプロレタリア政党がその際にけっして忘れてはならない原則にも言及していた。「共産主義インターナショナルは植民地ならびに後進諸国の民主的ブルジョアジーとの一時的同盟に入るべきである。だがそれは融合してはならないし、プロレタリア運動の独立的性格を無条件的に保持しなければならない——たとえそれが幼児の形態にあるとしても」。（トロツキー「中国革命論」、「スターリンと中国革命」参照）

スターリン主義者がまずやったこととは、このレーニン的原則を骨抜きにすることであった。それこそが中国国民党と中国共産党との「党内合作」であった。党内合作とは、中国共産党員が国民党に入党し、国民党の規約に従って活動するという「合作」であった。陳独秀ら中国共産党指導部は当初これに反対したが、コミンテルンの権威と二一ヶ条規約に押し切られたのであった。

2 「国共合作」と国民党への尻尾主義

レーニンの統一戦線についての基本的観点は、双方が独立自主の立場を保持しながら、共通の敵にたいして共同して当るというものだった。スターリン主義者はこの原則を棄て去った。

かれらは国民党は「四民ブロック」の党であることを強調した。この「四民ブロック」の党に中国共産党員を大量に加盟させ、国民党を巨大政党に成長させ、裏でコミンテルンがこれを指導するという思惑である。そのためにソ連は莫大な資金援助と軍事援助をおこない、軍事要員まで送り込んだ。しかし、この国際的交渉では国民党の側がもっと上手であった。蔣介石は一方で連ソを唱えながらソ連からの援助を引き出せるだけ引きだし、他方で自己の政策、方針についてはコミンテルン要員らの関与をいっさいうけつけなかった。

コミンテルンのスターリンらは一歩一歩と譲歩させられ、その腹の中を見破られ、最後まで蔣介石の尻尾にしがみつく以外になかった。その行きつく先は四月十二日の上海大虐殺であった。上海大虐殺はスターリンらの「支援」なしには不可能であった。スターリンらは中国共産党指導部に蔣介石歓迎の意を表すよう命令し、これに従った中国共産主義者は武器は隠したまま無残に虐殺されたのであった。

この無様な尻尾主義（トロツキー）の実態こそスターリン主義の特徴であり、その後一九三〇年代の国際舞台におけるソ連外交の本質をなすものであった。中国第二次革命は三〇年代から四〇年代にかけてのソ連外交路線の発端でもあった。

3　二段階革命論と永続革命論

二段階革命論とはロシア革命の初期の時期に存在した革命論である。主唱者はプレハーノフであった。この革命論は当時の社会民主党に大きな影響力を持ち、レーニンもその影響を受けていた。この革命論を斜陽に追いやったのは、資本主義と階級闘争の発展であり、それを理論的にあきらかにしたのがトロツキーの永続革命論であった。

二段階革命論は次のようにいう。

半封建的課題や反帝国主義など民主主義的課題を当面の革命課題とする国では、この革命を指導する階級はブルジョアジーであり、ブルジョア政党である。プロレタリア政党はブルジョア政党を支持し、民主主義的課題が達成されたのち、かれらとの本格的闘争に入るべきである。

一見「合理的」にもみえるこの革命論は、資本主義とそれにともなう階級闘争の発展によって実際に合致しなくなった。主な理由はブルジョアジーの階級的性質であった。この革命論はブルジョアジーとその政党が民主主義的課題で妥協なしに闘うものとしていた。しかし、実際は違っていた。ブルジョアジーは自己の存命のためには平気で封建的階級その他と容易に癒着した。

もう一つ、ブルジョアジーはプロレタリアートという自己の墓掘り人を後に従えていた。この階級は資本主義の発展とともに増大し民主主義的課題についてもブルジョアジー以上に強くこれを要求した。これらの事情がブルジョアジーとブルジョア政党がもはや民主主義革命でさえも担えなくなった主要な原因であった。

ヨーロッパではすでに一八四八年の革命にその兆候が現れていた。マルクスは永続革命の観点を表明し、プロレタリアートにブルジョアジーの後塵を拝することなく前へ進むよう語っていた。

一八七一年のパリ・コミューンでは、フランスのブルジョアジーとその政府は敵国プロシャ軍の支援のもとにパリ・コミューンを絞殺したのであった。

資本主義がその最高段階の帝国主義の段階に至ると、後進諸国のブルジョアジーは帝国主義の抑圧に不満を表明する半面、これとも容易に癒着した。また国内の封建的勢力とも手を組んで自己の存命をはかるようになった。

一九〇五年のロシア革命はロシア・ブルジョアジーの限界性を人々の前にあきらかにした。このような状況のもとでトロツキーはマルクスの永続革命の観点を引き継ぎ、来るべきロシア革命ではロシア・プロレタリアートは民主主義的課題のみでなくブルジョアジーをも侵害する社会主義革命へと進むであろうと永続革命の観点を表明したのであった。これはロシア革命史における重大事であるばかりでなく、世界史的意義をもつものであった。

レーニンは四月テーゼ以降急速にトロツキーの見解に近づいていった。十月革命はトロツキーの見解の正しさを立証したのであった。

トロイカの三人組はレーニンについていけず、二段階革命論にしがみついていた。そしてまたぞろこの破産済みの二段階革命論を中国革命へ持ち出したのであった――スターリンやブハーリンは当時日本革命へも介入し、二七年テーゼ、三二テーゼに二段階革命論を強要した。その影響力は大きく、五一年綱領、六一年綱領と戦後まで続いた――。

トロツキーの永続革命論は「複合的発展の法則」と不可分である。鄭超麟によれば、それは次のようである。

「トロツキーの永続革命論は彼の発見した『複合的発展の法則』と不可分のものである。レーニンは『不均等発展の法則』を発見し、多くの問題を説明したが、トロツキーは『複合的発展の法則』によってさらに多くの問題を説明した。この法則の意味するのは、歴史上数多くあるいわゆる『過渡期』は、簡単な『過渡』の意味を持つだけでなく、それ自身が一種の社会体制でもあり、過去の発展形態と未来の発展形態のそれぞれがもっているいくつかの特徴を相互に『結合』し、複合的に発展した一種の体制である、ということである。

たとえばヨーロッパ近代史上のいわゆる『専制主義』は、資本主義のいくつかの特徴と封建主義のいくつかの特徴が『結合』した一種の体制であり、その体制自体、歴史的に相当長期にわたって維持されることは可能であるし、特有の政治、文化、思想などを形成することもありうる。十九世紀後半から二十世紀初頭のロシアの体制、いわゆる『ツアーリズム』はたんに一種の『過渡期』にとどまらず、相当に完備された体制でもあった。その特徴は、資本主義が封建的な搾取や統治方法を利用して国家の全体を支配するという点にある。まさに資本主義と封建主義が互いに結合し複合的に発展しているがゆえに、ロシア革命は、まず封建的所有制度だけを揺さぶり解体することは不可能であり、必然的に資本主義的所有制度をも同様に動揺させ解体しなければならないのである。このトロツキーの発見した複合的発展の法則を用いると、数多くの歴史的課題や現実問題が容易に説明できるようになった」（鄭超麟『初期中国共産党群像』平凡社、東洋文庫）。

4　スターリンの「一国社会主義」論と中国革命

そもそも「一国社会主義」というものはレーニンの時代までは無かった。これが言われはじめたのは、レーニンが逝去した後、スターリンが「一国社会主義」を唱えはじめてからである。マルクスの思想・理論の根源には「万国の労働者団結せよ！」のプロレタリア国際主義がある――このスローガンを帝国主義の時代にレーニンは「万国のプロレタリアと被抑圧民族は団結せよ」のスローガンに発展させた。国民国家が成立しているなかで、マルクスは、各国のプロレタリアートはまず自国の支配階級から国家権力を奪取し、自らが支配階級になるべきだが、かれらは自国の搾取階級から生産手段を没収すると同時に、プロレタリア国際主義の旗を高く掲げ、他国のプロレタリア階級と連携し互いに協同してアソシエーション（協同社会）の建設へ向かうべきと考えていた。当時、プロレタリア革命は一国で起きればそれは他国へと波及し、ヨーロッパ全体に波及するであろうと考えられていた。資本主義世界市場の形成はマルクスのプロレタリア世界革命と一対であった。

レーニンの逝去後、スターリンは「一国社会主義」論を打ち出したが、これはマルクスの理論の修正を意味した。レーニンやトロッキーはロシア革命は世界革命の一部であり、その発端となったにすぎず、革命を堅持し、ドイツなど先進資本主義国の革命を待ってかれらと協同して世界革命をめざすべきとしていた。

世界市場が成立しているなかで、一国だけで自足的に社会主義を、さらには高度な共産主義を実現できるなどと考えることができるであろうか。このような謬論がコミンテルンを通じてまことしやかに流布され、国際共産主義運動を支配したのであった。

しかし、スターリンの謬論の背景には、ドイツ革命の失敗などによるロシアの国際的孤立化と国内戦争による国民経済の破綻と民衆の窮乏化という現実があった。スターリンらはここでプロレタリア国際主義からブルジョア民族主義・愛国主義へと大きく転換したのであった。

プロレタリア国際主義はロシアにとっては必要不可欠のものではなくなった。国内ではむしろ民族主義・愛国主義が必要とされた。だが国際的舞台ではスターリンらにとって国際主義の旗はまだ使い途があった。それは「ソ連をまもれ！」のスローガンに示された。

国際プロレタリアートと被抑圧民族の大衆はロシア革命を自らのものと信じ、レーニンやトロツキーを信じていた。侵略者から「ソ連をまもれ！」という感情は彼らにとってなにも不思議なものではなかった。自国の革命闘争を発展させることと国際主義の精神は分裂していなかった。

しかし、スターリン主義者は民衆の素朴な感情を巧妙に利用した。ソ連と帝国主義列強との矛盾が激化してくると、ソ連邦周辺の諸民族国家はソ連防衛上重要な地位を占めることとなった。

ポーランドはソ連とナチスに分割され、ポーランドの軍隊はソ連によって「カチンの森」で大量処刑された。

中国は東方の大国であり、かつてロシアの内戦期に日本帝国主義は東方からソ連邦へ攻め込んだ。ソ連にとって中国があらためてみなおされるのは、一九三六年末の「西安事変」であり、諸帝国主義のなかでもっとも侵略的な日本帝国主義の動向であった。日本帝国主義が北進するか南進するかはソ連邦にとって重大問題であった。北進すれば、ソ連邦は東にも大きな戦力をまわさなければならなかったからである。

スターリンは再び蒋介石政権と手を組んだが、かれらは以前と同様「すべては統一戦線を通じて」という尻尾主義の日和見主義方式に頼った。蒋介石軍を支援し、これに毛沢東の共産軍を合流させ、日本帝国主義の北進を防止するという策である。スターリンらは蒋介石政権と条約を結び、蒋介石への支援を強めた。このようなソ連邦政府の外交政策は一九四五年の日本帝国主義敗北後も変わることなく続けられた。

第二次大戦期のスターリン主義者の採った諸々の政策の本質は、すべて自国の利益を第一とし、帝国主義列強への工作では西側諸国の共産党勢力を利用し、自己の立場と利益を最優先することにあった。スターリンらのいう「反ファシズム」の「人民戦線」戦術の役割は、ここにあった。第二次世界大戦後の西側世界でフランス、イタリア、ギリシャなどでは戦争終結をひきつづき革命闘争へと転化させることはできなかった。

「一国社会主義」の路線が第二次大戦期を中心にはたした反動的役割は大きかった。それは各国人民の闘争に目つぶしを加え、それが革命的方向に向かうのを防げた。コミンテルンは国際共産主義運動の前進という名のもとに最大限の反動的役割を演じたのであった。

「一国社会主義」の路線はマルクスの理論を修正し世界中の共産党がほとんどこの修正に右ならえした。しかし、この俗論はプロレタリア世界革命の前途をきり開くどころか、それを暗黒の闇の中へ陥しこんでしまった。ソ連、東欧、中国のスターリン主義者はその「一国社会主義」路線にもとづいて社会主義実現をめざしたが、その過渡期においてことごとく破産してしまったのであった。なぜかれらは破産したのか。その検証は第六章以下の課題である。

5　中国革命にたいするトロツキーの言及

トロツキーの中国革命にたいする見解が陳独秀ら中国共産党指導部に届くのは、一九二九年になってからである。トロツキーはジノヴィエフらの裏切りにあいながらも、必死に中国共産主義者の側に立ってスターリンらと闘っていた。トロツキーの以下の言及はその真実を示している。

1　中国革命における階級関係　二七・四・三
2　中国革命と同志スターリンのテーゼ　二七・五・一七
3　中国問題に関する第一の演説
4　中国問題に関する第二の演説

5　確かなる道　二七・五・二七
6　漢口とモスクワ　二七・五・二八
7　悟るべき武装蜂起　二八・七
8　広東の武装蜂起　二八・七
9　コミンテルン第六回大会以降における中国問題　二八・一〇・四
10　中国では何が起こっているか？　二九・十一・九
11　算をみだしての退却　三〇・十一
12　絞殺された革命　三一・二・九
13　絞殺された革命とその絞殺者　三一・六・十三
14　スターリンと中国革命　三〇・八・二六
15　中国の農民戦争　三二・九・二十六
16　中国革命　三八年

（トロツキー『中国革命論』（現代思潮社）より）

第六章　陳独秀『全同志に告げる書』にみる中国第二次革命の全貌

中国第二次革命の真相を知る最良の手段は、陳独秀自身によって書かれた『全同志に告げる書』（『陳独秀文集』平凡社）であろう。同書は、第二次革命が決定的な敗北を喫した一九二七年末からおよそ二年後に執筆されている。

この二年間は陳独秀にとって特別な意味をもっていた。二七年四月の上海大虐殺後に開かれた八・七会議では、陳独秀は事実上党指導部から外され、いっさいの活動から除外されていた。党の実権は瞿秋白らソ連共産党の追随分子の手に移っていた。

このような状況のなかで、トロツキーの『中国革命論』の一部がようやくソ連派遣の中国人留学生を通じて陳独秀らに伝えられた。『中国革命論』の入手は、陳独秀ら中国共産党指導部にとってまさに衝撃的であった。

まず第一に、ソ連共産党内で党とソビエト政権の命運を決する厳烈な闘争が展開されていたという事実であった。この闘争はまずレーニンとトロツキーの同盟によって始められ、レーニン死後はトロツキーら党内反対派によって引き継がれてきたという事実も、陳独秀らには何も知らされていなかった。

第二には、トロイカとトロツキーとの論争のなかに、中国革命に関する論争のほとんど全てが網羅されていることだった。トロツキーは、中国共産党は国民党から離脱し独立自主の活動を展開すべきことをくり返し主張していた。また陳独秀らを悩ませてきた二段階革命論についても、かれの永続革命論を通じて明解な解答を与えていた。

第三には、ソ連共産党とコミンテルンの指導権を簒奪したスターリン派との闘争は、ひとりソ連共産党だけでなく、また中国共産党だけの問題ではなく、国際共産主義運動全体の問題として国際的に闘われなければならないということであった。

陳独秀がトロツキーの見解に最終的に同意するまでにはかなりの時間を要した、と王凡西も鄭超麟も語っている。そしてしばしの沈思黙考ののち、陳は再び起ち上った。

『全同志に告げる書』は、中国革命にたいする自らの指導責任についての全同志にたいする陳独秀の真摯な自己批判の書である。同時に、それはコミンテルンのスターリン指導部にたいする中国共産党・党内反対派としての決起を告げる書でもあった。

コミンテルンを支配下においたスターリン派は、どのように中国革命を流産に導いたか。以下は『全同志に告げる書』にみるその概要である。（小見出しは引用者）

1 歴史の事実

「親愛なる同志たち、一九二〇年（民国九年）以来、私は諸同志とともに、わが党を創設し、コミンテルン指導者スターリン、ジノヴィエフ、ブハーリンなどの日和見主義的政策を忠実に実施し、中国革命を恥ずべき悲惨な敗北に遭わせた。日夜活動に励んだにもかかわらず功績は過失を補うにはいたらなかった。私はもとより『すべての罪を一人［コミンテルン］に帰する』という笑止な尊大さで、過去の敗北の誤りから自らを除外してはならないと考える。いかなる人、いかなる同志が私の過去の日和見主義的誤りを指摘したとしても、私は真摯にそれを受け入れる。私は私個人の誤りを弁護するために、かつてプロレタリアートに高い代償を支払わせた苦い経験を葬り去り、何ら教訓を得られないということを、断じて望むものではない。

私は、中国革命の過去の敗北について、客観的な原因は二義的なものであり、主要には党の日和見主義的誤り、すなわちブルジョワジーの国民党に関する政策の誤りであると断固考えるものである。当時の中央の責任ある同志、とりわけ私は、過去のこの種の政策が疑いなく徹頭徹尾誤りであったことを、公然と勇敢にみとめなければならない。しかし単に誤りを認めただけではまだ不十分であり、過去の誤り、すなわち日和見主義的政策の内容およびその原因と結果とがどのようなものであったかを忠実かつ徹底的に認識し、かつ何らはばかることなくそれを暴露しなければならない。そうしてはじめて過去の誤りを継続することなく、次の革命が再び以前の日和見主義の轍を踏まずにすむ望みが出てくるのである。」

中国共産党が創立された当初は、党はまだ未熟であったとはいえ大きな誤りを犯すことなく、労働者の闘争を指導し、国民党の階級的性格を認識していたという。

2 マーリンからボロディンへ

「一九二一年（民国一〇年）にコミンテルンが召集した極東勤労者大会では、わが党が国民党およびその他の各社会団体の代表を指導して進められ、東方の植民地国家では民主主義革命の闘争を進めること、革命の過程で農民ソビエトの組織化を進めることが大会で決議された。そして中国共産党の第二回大会（一九二二年）で、ついに民主主義革命の統一戦線政策が決議され、この決議にもとづいて情勢についての主張を発表した。同時に青年共産主義インターナショナルの代表ダーリンが中国を訪れ、国民党に対して民主主義革命派の統一戦線政策を提案した。国民党の総裁孫中山（孫文）は激しい言葉でこれを拒否し、中国共産党および青年団のメンバーが国民党に従うことを許可しただけで、政党間の連合は認めなかった。」

「大会が終了してまもなく、コミンテルンは代表のマーリンを中国に派遣し、中国共産党の全中央委員会が西湖で会議を開催することを要求し、国民党組織に加入することを提案し、国民党がブルジョアジーの党ではなく各階級の連合政党であり、プロレタリアートが加入してこの党を改造して革命を推し進めるべきだと力説した。当時の中国共産党中央の五人の委員……李守常、張特立、蔡和森、高君宇、私……は、すべて一致してこの提案に反対したが、その主要な理由は、党内連合［国民党に加盟して協力する］は階級的組織をごちゃ混ぜにし、われわれ独自の政策を制約をするというものであった。」

「結局、コミンテルン代表は中国共産党はコミンテルンの決議に服従するのかどうかと迫り、中国共産党中央はコミンテルンの規律を尊重するためにコミンテルンの提案を受け入れ、国民党への加入を承認せざるをえなかったのである。」

「ここからコミンテルン代表および中国共産党代表は国民党改革運動にほぼ一年を費やしたが、国民党は終始サボタージュあるいは拒絶した。孫中山は何度もコミンテルン代表にこう言った。『共産党は国民党に加入したからには、党規律に従わなければならず、公然と国民党を批判してはならず、共産党がもし国民党に従わない場合は、私は彼らを除名する。ソビエト・ロシアがもし中国共産党の肩を持つのではあれば、私はソビエト・ロシアに反対する』。」

「それによりコミンテルン代表のマーリンは意気消沈してモスクワに帰っていった。彼の次に来たのはボロディンで、彼の鞄の中にはソビエト・ロシアによる国民党への莫大な物質的支援［の計画］が詰まっていたことで、国民党は一九二四年（民国一三年）に組織改革とソ連連帯政策をとりはじめた。」

一九二二年に中国共産党は統一戦線政策を決め、国民党の孫中山にこれを提案した。しかし、孫中山は政党間の連携は認めず、共産党員が国民党に入りその規律に従う場合だけを認めた。ここからソ連共産党の国民党への譲歩がはじまる。中国共産党指導部は当初一致して党内合作を拒否していた。コミンテルンは、軍事要員と札束をつめこんだボロディンの鞄の中を国民党に示すことで孫中山を納得させたのである。

当時、国民党は地方の一軍閥であり、しかも政党の態をなしていなかった。コミンテルンの莫大な援助によって、国民党は再び息を吹き返したのであった。

当時のコミンテルン議長は「トロイカ」のジノヴィエフであった。かれらは国民党を各階級の「連合政党」としてそのブルジョア政党の本質を極力おおい隠したが、中国国内の階級闘争の激化によってその欺瞞は次々に暴露されていった。

3 五・三〇事件とプロレタリアートの台頭

「この時期に前後して、中国共産党が染まった日和見主義はまださほど深刻なものではなかったことから、党は『二・七』鉄道大ストライキ（一九二三年）と『五・三〇』運動（一九二五年）を指導することができた。いずれの場合も国民党の政策に干渉されずにすみ、かつ時には厳しく国民党の妥協政策を批判した。『五・三〇』運動においてプロレタリアートが台頭したことが、ブルジョアジーを覚醒させ、戴季陶の反共パンフレットが機運に乗じて出版された。この年の一〇月、北京で招集された中国共産党拡大中央委員会で、私は政治決議草案委員会に以下のように提案した。戴季陶のパンフレットは彼個人によってたまたま出版されたものではなく、ブルジョアジーが自らの階級を打ち固め、プロレタリアートを抑制し反動へと向かわせようと企画されたものであり、われわれはすぐに国民党から脱退し独立しなければならず、そうしてはじめて自らの政治的面目を維持し、大衆を指導し、国民党の政策に制約されずにすむのである、と。」

「当時のコミンテルン代表と中国共産党中央の責任ある同志たちは私の提案に一致して断固反

対し、これは中国共産党党員大衆を国民党に反対する道へと進ませることを暗示するものである、と述べた。主張を堅持しなかった私は、ついにまたもやコミンテルンの規律と中央の多数の意見を尊重し、自らの提案を堅持することができなかったのである。」

一九二五年の五・三〇事件は中国における労働者階級の台頭を強く内外に印象づけた。闘争は上海だけにとどまらず全国におよび、これを指導する階級として労働者階級が現れたことは中国革命の新しい特徴を示すものだった。

五・三〇事件は国共合作に強い影響を与えた。

4　蒋介石のクーデター

「翌年（一九二六年）における蒋介石の三月二〇日のクーデターは、まさに戴李陶の主張を実行したものであり、共産党員の大量逮捕、広東省の香港ストライキ委員会の包囲と武装解除、ソビエト・ロシア視察団（ソ連共産党中央委員も多く含まれていた）およびソビエト・ロシア顧問の警備隊を武装解除した後、国民党中央委員会は、共産党員を国民党最高指導部から追い出し、共産党員が孫中山の三民主義を批判することを禁止し、国民党に加入している共産党および青年団の名簿を国民党に提出することを決議し、われわれはこれらをすべて受け入れた。

しかし、同時にわれわれは独立した軍事勢力を準備し蒋介石に対抗することを主張し、中央を代表して彭述之同志を広州に特別に派遣し、コミンテルン代表と計画について相談した。コミンテルン代表はそれに賛成せず、さらに引き続いて蒋介石を極力武装させ、われわれが全精力をかけて蒋介石の軍事独裁を擁護し、広州国民党政府を揺るぎなきものとし、北伐をおこなうべきだと断固主張した。

われわれは蒋介石や李済深などに提供した銃器のなかから、五〇〇〇丁を都合して広東の農民を武装させることを要求したが、コミンテルン代表は『武装した農民では陳烱明を攻撃することも北伐を行うこともできない。しかも国民党の猜疑心と国民党に対する農民の反抗を惹き起こすだろう』と述べた。この時期は最も重要な時期で、具体的にはブルジョアジーの国民党が公然とプロレタリアートにその指導と指揮に服従することを迫った時期であり、プロレタリアートが自らブルジョアジーに投降し服従し、甘んじてその付属物となることを正式に宣言した時期であった。（コミンテルン代表は公然と『今は共産党は国民党のための苦力クーリーになるべき時代である』と述べた）。党はこの時期にいたり、すでにプロレタリアートの党ではなくなり、完全にブルジョワジーの極左派となり、日和見主義の深淵に堕落し始めた。

私は三月二〇日クーデター後のコミンテルンへの報告の中で、私個人の意見として、党内協力を政党間連合に変更すべきであり、さもなくば自らの独立した政策を実行できず、民衆の信頼を得ることは不可能になると主張した。コミンテルンは私の報告を読んだ後、『プラウダ』にブハーリンの論文を掲載し、中国共産党が国民党から脱退するという意見に対して『御用組合と英露委員会から脱退するという主張はすでに二つの誤りであり、現在また第三の誤り……中国共産党による国民党からの脱退という主張が出現した』と厳しく批判する一方で、中国共産党が国民党から脱退するという傾向を是正するために、極東部長のヴォイチンスキーを中国に派遣した。そのときにも私はコミンテルンの規律と中央の多数意見を尊重し、自らの提起を堅持することができなかった。」

蔣介石の二六年三月のクーデターは蔣介石の本質を暴露していた。この時期は「最も重要な時期で、具体的には国民党が公然とプロレタリアートにその指導と指揮に服従することを迫った時期であり、プロレタリアートが自らブルジョアジーに投降し服従し、甘んじてその付属物になることを正式に宣言した時期であった。」と陳独秀は述べている。

ボロディンは蔣介石に「北伐」を進言した。

5　北伐と中国革命の二つの道

「その後、北伐軍が出発したが、われわれは機関紙『嚮導』上で、北伐を理由に後方の労働運動を抑え、農民が強制的に軍事費負担を割り当てられ国民党から抑圧されていることを批判した。同時に上海の労働者が近々蜂起して直魯軍を駆逐しようとしており、蜂起が成功すれば、必然的に政権問題が発生するはずであった。このとき私は中央拡大会議の政治決議案の起草において次のように提案した……中国革命には二つの道があり、一つはプロレタリアートによる指導ではじめて目的が達成されるもの、もう一つはブルジョアジーによる指導で、必然的に半ばで革命を裏切るものである、われわれはいまブルジョアジーと協力することはできるが、同時にイニシアチブを奪取しなければならない。

上海に駐在するコミンテルンの極東部は一致して私の意見に反対して、このような意見は他の同志たちに影響を及ぼし、時期尚早にブルジョアジーに反対することになると述べた。しかも上海蜂起がもし成功すれば、政権はブルジョアジーに属し、労働者代表を政権に参加させる必要はないとはっきりと述べた。そのときも私はまた彼らから批判されたために、自らの意見を守り通すことができなかった。」

6 蒋介石軍にいかに対処するのか

「一九二七年に北伐軍の上海占領に前後して瞿秋日が重視していたのは上海市政府の選挙および小ブルジョアジー（中小商人）を組織して大ブルジョアジーに反対することであったが、彭述之と羅亦農と私の考えでは、当時の市政府選挙および就任は中心的問題ではなく、中心的問題はやはりプロレタリアートの力がもし蒋介石軍の軍事勢力に劣った場合、小ブルジョアジーはわれわれの方に傾いては来ないし、蒋介石は必ず帝国主義の指揮の下で民衆を虐殺するであろう、そのときには市政府について語ることは空論にすぎず、必ずわれわれの全国規模での敗北を引き起こすだろう、というものであった。蒋介石がもし公然と革命を裏切るのであれば、それはけっして単に彼個人の行動ではなく、やはり全中国のブルジョアジーが反動陣営に走ったという信号であるからである。

当時、彭述之は自ら漢口に赴き、コミンテルン代表および中国共産党の多数の責任ある同志に対して意見を述べ、蒋介石軍への攻撃計画を決定させようとした。そのとき彼らは上海クーデターを気に留めず、電報で私が武漢に赴くように催促してきた。彼らは国民党政府が武漢にあり、いっさいの国家の大事についてはすべて力を武漢に集中して解決を計らなければならないと考えていた。同時に、コミンテルンは、われわれが労働者の銃器などを埋蔵し、蒋介石の軍隊との衝突を避け、武装した力によって租界を攪乱してはならないなどという電報をまたよこした。羅亦農はこの電報を読み終わった後、非常に憤慨してそれを地面に投げつけた。そのとき私はまたコミンテルンの命令に従い、自らの意見を堅持できず、しかも国民党および帝国主義に対するコミンテルンの政策にもとづき、汪精衛との連盟であのような恥ずべき宣言を発表したのである。」

7　上海コミューンの成立

北伐軍の上海到着を前に、上海の労働者は三度目の蜂起を行い、軍閥政府を追い払い「上海コミューン」を樹立した。この時期は第二次革命の嵐が頂点に達した時期で、蒋介石軍の弾圧にも拘らず上海を中心に労農ソビエト結成の気運は非常に高まっていた。

しかし、労農ソビエトの結成を恐れていたのは、蒋介石以上にコミンテルンのスターリン、ブハーリンらであった。かれらは上海コミューンに何もさせず、ただ蒋介石軍に歓迎の意を表すことだけを強要し、ついには上海大虐殺を招いたのである。武器を隠すように言われた上海の労働者は丸裸で蒋介石軍のさらし者にされた。蒋介石はスターリンの尻尾主義政策の徹底を待って「上海大虐殺」の実行に移った。

次の8、9は陳独秀の『全同志に告げる書』ではないが、上海大虐殺前後の上海と武漢の情況を示す有力な資料として紹介する。

8　上海大虐殺はどのように準備されたか

「四月五日になってもまだスターリンは、円柱会館で、共産党員が蒋介石の党内にとどまることを支持する演説をした。そればかりでなく、彼の同盟者が裏切るかもしれないという危険を否定した。『ボロージンが見張っているではないか！』クーデターはそれからかっきり一週間後に起ったのである。」

「これに関連して、われわれは直接に目撃者であり、その参加者であるスターリン主義者チタロフの、非常に貴重な証言をもっている。彼はちょうど第十五回大会の前夜に中国からかえってきて、報告書をたずさえてこれに出席した。彼の演説の最も重要な部分は、スターリンがチタロフ自身の承認をえて大会の記録から削除してしまった。反対派がスターリンにたいしておこなったいっさいの非難を、真実が完膚ないまでに実証する場合、それは公表してはならないのだ。われわれはチタロフに発言させよう（ソ連共産党第十六回会議、一九二七年十二月十一日）」

「四月十一日～十二日の上海労働者の虐殺によって、最初の流血の痛手は、まず上海において中国革命にくわえられた」

「わたくしは、このクーデターについてわれわれの党がほとんどなに一つ知らないということを知っているがゆえに、それについて詳細にかたりたいとおもう。上海には、二十一日間にわたって、共産党員が多数を占める、いわゆる人民政府なるものが存在していた。したがって、われわれは、二十一日間、上海は共産党の政府をもっていたということができる。ところが、この共産党政府は、蔣介石のクーデターが明白におこなわれるかもしれないとかんがえられていたにもかかわらず、完全な無為を暴露したのである」

「まず第一に、共産党政府は、政府部内のブルジョワ分子が仕事に着手したがらないで、これをサボタージュするからという、また一方では、武漢政府が上海政府の樹立に賛成しないからという、二つの口実のもとに、長いあいだ活動を開始しなかった。この政府がおこなった活動のうちで、三つの布令が知られている。ついでながら、その一つは、上海到着を期待されていた蔣介石の歓迎準備に関するものである」

「当時、上海では、軍隊と労働者のあいだの関係が尖鋭化していた。たとえば、軍隊は（つまり、蔣介石の将校連だ……トロツキー）、わざわざ労働者を追跡していって、これを虐殺したということが知られている。軍隊は数日のあいだ上海の城門のところにとどまったまま、市内にはいろうとしなかった。労働者が山東軍と戦闘していることを知っていて、この戦闘で労働者が血を流すのをのぞんでいたからである。彼らはそのあとで入城しようとかんがえていたのだ。その後、軍隊は上海に入城した。ところが、これらの軍隊のうちで、労働者に同情をもつ師団が一つあった……つまり、広東軍第一師団である。司令官薛岳は、蔣介石に信頼がなかった。蔣介石は、薛岳が大衆運動にたいして、同情をもっていることを知っていた。この薛岳という男は、兵卒出身であったからである。彼は最初一個連帯の指揮官であったが、のちには一個師団を指揮するようになった」

「薛岳は上海の同志をおとずれて、軍部クーデターが画策されているということ、蔣介石が彼を本部に呼びつけたが、いつになく冷淡に彼をあしらったこと、彼はどんな落し穴があるかもわからないから、もう本部へはいかないということ、蔣介石は彼に向かって、城内をさって戦線にむかうように提言したことを話した。そして薛岳は、共産党の中央委員会にむかって、自分が蔣介石の命令に服しないということに賛成するように要請した。彼はよろこんで上海にとどまって、上海の労働者とともに、準備されつつある軍部クーデターとたたかおう、といった。

以上の提言にたいして、陳独秀をふくむ中国共産党の責任ある指導者たちは、クーデターが準備されていることは知っているが、しかし、蔣介石との早計な衝突はしたくない、と言明した。こうして、第一師団は上海から撤退させられた。市は白崇禧の第二師団によって占領され、それから二日後、上海労働者は虐殺されたのである。いったいなぜこの真に驚倒すべき演説は記録(三十二頁)から削除されたのか?中国共産党の問題でなくて、ソビエト連邦の政治局の問題だったからである。」

「上海の労働者は権力をにぎっている。彼らは、一部武装している。そして、はるかに広汎に武装させるあらゆる可能性がある。蔣介石の軍隊は、信頼しがたい。指揮官たちさえ労働者に味方する部隊がある。ところが、てっぺんでは、万事万人すべて麻痺している。われわれは、蔣介石にたいする決定的闘争を準備してはいけない。われわれは彼を華々しく歓迎するための用意をしなくてはならない。スターリンが同盟者蔣介石に抵抗しないばかりではない。反対に、彼にたいする忠誠をしめせ、とモスクワから絶対命令があたえられたからである。だが、いったいどうして忠誠をあらわすか？仰向けにねころんで、死んだまねをしろ！

共産主義インターナショナル執行委員会の五月総会の席上でスターリンはなおも技術的、戦術的根拠にもとづいて、革命におけるプロレタリアートの粉砕にみちびいた、このおそるべき、一戦もまじえぬ降服を弁護した。半年後、ソ連共産党第一五回大会では、スターリンはすでに沈黙をまもった。大会の代表者たちは、彼らの心臓をひっつかんだチタロフの演説を最後までやらせるように、チタロフの時間を延長した。だが、スターリンはチタロフの報告を記録から削除することによって、ようやく逃げ路を発見した。われわれは、この真に歴史的な文書を、ここにはじめて公表するのである。」（トロツキーによるチタロフ証言の引用、『中国革命論』所収）。

9　上海大虐殺後の武漢

蔣介石の上海大虐殺によって国民党との「国共合作」は破綻した。しかし、まだ完全に破綻したわけではない。武漢の国民党左派がいるとスターリン派は汪精衛らにいちるの望みを託した。しかし、この時すでに汪精衛は蔣介石との間に気脈を通じようとしていた。

上海大虐殺後の武漢の状況について、当時北京大学の組織から送られた青年・王凡西は次のように語っている。

「彼の話から私はわれわれの幻想が全く空しいものであり、馮玉祥の革命のポーズはソ連の武器をだましとるためにすぎないのを知った。自分の立場が安定するや直ちに反動軍閥の姿を暴露したのである。

鄭州会議以降、武漢の情勢は急激に変化し、共産党員の農民部長譚平山は病と称して辞職し、ついで労工部長蘇兆徴も辞職した。汪精衛らは公然と湖南湖北の農民運動が行きすぎだと非難し、共産党員に武漢労働者の革命行動を制限するよう大胆にも要求した。われわれの党は明らかに一歩一歩退いていた。『嚮導』の論調からは、軽微な怨み言、婉曲な弁解が読みとれるだけである。反撃はなく、いや防衛の意図、組織さえなかった。反革命の声は日ましにひびきわたり、そのことばは日ましに明確であったが、われわれはどうしてよいかわからず、彷徨と憂慮が一人一人の共産党員の心にかたくまとわりついていた。

党の正常な組織生活はすでに停止しているようだった。直属の上級が個別に私に連絡するのを除けば、私は武漢でまるで支部会議に正式に参加したことがなかった。だからすべての重大問題に対する党の真の態度を知るすべがなく、疑問が生じても討論すべき責任者を全く探しあてられなかった。同志であり友人である者は多く、われわれはよく顔を見合わせたが、彼らの情況も私と全く同様だった。みなはよくわからず、それゆえそわそわしていた。この情況においてはうわさが報告に代わり、推測が分析に変わった。国民党高級機関で工作する一部の同志は、頼りになる情報源になった。したがって敵の動向はわかったが、自らの戦術はわからなかった。

ある日の午後、私は武昌の通りを歩いていて、多くのホロ付きトラックに銃が積んであり、後から工会［労組］の糾察隊員がついていくのをみた。通行人は盛んに議論し、工会が自発的に警備司令部の李品仙に武器を返したという。私はこれをみてひどく不審に思い、私の上級にどうしたことかと質ねた。彼によれば、これは誤解を避け、政府に対しわれわれに反逆心のないことを信じさせるためだという。私はこれを聞いて大きな不満を感じたが、私自身もどうすべきか考えつかなかった。私は直感的に、このように譲歩することは決して革命を防衛する道ではないと考えただけであった。」

「革命はその四方で失敗したため、革命家は続々と『中心』に投じてきた。当時武漢に集中した各省の共産党幹部は、正式統計をみたことはないが、万をもって数える数だったと信じている。これらの人は、来たときは私と同様、満腔の熱血、万丈の気迫で、当地で適当な工作を探し革命に参加しようとし、あるいは中央の『直接指示』を受け、もとの持場あるいは別の地区で秘密工作をやろうとしていた。しかし、すぐに彼らは失望した。『革命の中心』は事実上反革命の中心にかわりつつあったからである。」

「かれらの心情は、きわめて不安だった。その大部分は本省で逮捕状が出ており、帰りたくとも帰れなかったからである。もし革命が成らざれば、名利ならぬ乞食を求めたとしても殺されるであろう。革命戦争敗北後の大量の敗残兵をどう処置するかはかなり重大な問題となっていた。」

「革命失敗の悲憤の空気のなかで、つぎのような感想をもつ人が多かった。武器こそ問題を決定する最後の力である、と。人々はこのときほかの考え方をもつことができず、革命失敗のより深い原因を研究する能力もなかった。事態ははっきりしていた。わずか半年にもならない間に、われわれは眼を皿のようにして、一人の軍人がもう一人の軍人に継いで『革命』の領袖から革命の敵になるのをみたのである。彼は恥知らずに、倨傲に、野蛮に、そして血なまぐさく、前後してわれわれを欺き、われわれを裏切ったのである。しかし、われわれは棄てられた愚かな『佳人』、憐れむべきほど無能力な『秀才』のごとくであった。

『もし革命を成功させようとすれば、自分で武器をもたねばならぬ』、この結論は当然至極であり、しかも本質的に正しい（ここでついでにいえば、中国トロツキー派の一大誤りは、この教訓を十分理解しなかったことである）。」（王凡西『中国トロツキスト回想録』）

10　スターリンの新しい訓令――極右から極左へ

六月一日、スターリンからの新しい訓令が中国駐在コミンテルン代表のインド人ロイのもとにとどいた。

「革命軍将校の土地を除いて土地革命を遂行せよ。信頼できない将領たちを一掃し、二万人の共産党員を武装し、五万人の労農分子を選抜して新しい軍隊を組織せよ。国民党中央委員会を改造し、古い委員を労農分子にとりかえよ。著名な国民党員を長とする革命法廷を組織し、反動的な将校を裁判にかけよ」

共産党が国民党の内部にとどまったままで、このような政策を実施することは、とうてい不可能であった。ロイはこの訓令を汪精衛に示して承認を迫ったが、汪はこれを拒絶して、一挙に共産党排除に進みはじめた。七月十三日、共産党は武漢政府から退去し、十五日国民党も容共政策の破棄を宣言して、三年七ヶ月つづいた第一次国共合作は崩壊した。

六月一日のスターリンの訓令は、以前の右翼日和見主義路線から極左路線への転換を意味した。それは以前の右翼路線を隠蔽するためのスターリン流の工作であった。進退極まったロイは、この訓令を汪精衛に見せるという一幕ものを演じたのである。

11　下降期の戦術はいかにあるべきか

「反革命勢力が全盛期にあり、民衆の革命運動は高揚期にはない現在の時期において、どのような角度から見ても『武装蜂起』と『ソビエトの樹立』の条件は客観的に未成熟である。『ソビエトの樹立』は当面は教育的スローガンでしかない。もし行動スローガンとして労働者大衆が直ちに行動を起こして『ソビエト樹立』のために闘うよう呼びかけたとしても、民衆の賛同が得られないことは必然である。それゆえ、当面の行動においては『国民会議の招集のために闘え』という最も民主主義的なスローガンを採用しなければならない。なぜならこの運動の客観的条件はすでに成熟しているからである。当面、このスローガンのみが、大衆を公然の政治闘争から、革命の高揚へと向かわせ、『武装蜂起』『ソビエト政権の樹立』の闘争に発展させることができるのである。

しかしあいかわらず冒険主義を実行している現在の中央委員会は完全にこれと逆のことを行っている。彼らは革命の復興の機運がすでに成熟していると考えており、われわれが労農兵ソビエトを当面の宣伝スローガンとしか考えていないと批判しているが、もちろん彼らは現在すでにそれが行動スローガンになっていると考えている。それゆえ、彼らは不断に、大衆を代行して党員が街頭で示威運動を行うよう、ストライキをやるよう強要し、小さな日常闘争でさえも政治闘争に拡大するよう恣意的に強要し、労働者大衆どころか労働者同志さえもが党から離れてしまう事態を招いている。」

「もちろん私の意見は、考慮されなかったばかりでなく、お笑いぐさとして各地で宣伝され、私が依然として日和見主義的誤りを改めていない証拠だと言われた。私は当時当の組織的規律に囚われ、やむをえず消極的な態度をとり、組織を超えて中央による党への破壊的政策に対する断固たる闘いを積極的に行なわなかったために、党を崩壊の道へと進ませた。

　これは私が負わなければならない責任である。」

「現在の中央委員会は、コミンテルンの直接の指導のもとで第六回大会の破産的政策路線に忠実に依拠して、上述の破産的政策を実施しており、過去の日和見主義と過去の冒険主義を結合させ、党と革命を葬り去ろうとしている。コミンテルンであれ中央であれ過去において無自覚に日和見主義的誤りを犯し革命の敗北を招いたことがすでに犯罪的であるが、現在すでに反対派の同志から明確に指摘されているにもかかわらず、やはり頑固に過去の誤りを認めず、かつ意識的に過去の誤った路線を継続し、一握りの人々の誤りを覆い隠すために、意識的にボルシェビキの組織路線を放棄することを惜しまず、上級機関の権威を濫用し、党内の自己批判を統制し、かつ政治的見解を発表した同志らを大量に除名し、意図的に党の崩壊と離散状態を作り出したことは、犯罪中の犯罪であり、最も愚かで最も恥知らずなことである。」

　スターリンの六月一日訓令にもとづいて八・七会議以後の極左戦術がとられ、秋収蜂起の八・一南昌暴動から十二月末の広東コミューン、と一連の極左冒険主義の戦術が実行された。革命の高揚期には労・農ソビエトを組織しようとせず、下降期にそれをせよという方針である。当然のごとく蜂起戦術は三日天下に終わり、多くの共産主義者が犠牲となった。人民大衆はもはやついては来なかった。

以上、①から⑪まで陳独秀の『全同志に告げる書』を主軸にして、第二次革命の事実関係を追跡してきた。事実が教えるところは、中国革命問題のすべての重要問題をソ連共産党・コミンテルン指導部が直接的に指導してきたという明白な事実である。陳独秀・中国共産党指導部は、いくら国共合作からの離脱を要請してもそれが認められることはなかった。

上海大虐殺後に示された六月一日のスターリン訓令は、今度は極右方針から極左方針への転換であった。それは中国共産党にさらに負け戦さを加重させた。第二次革命は一九二七年末の広東コミューンをもって終わった。コミンテルンが追求してきた「国共合作」は破綻に破綻を重ねて終わった。

そしてスターリンらは、誤りの責任をすべて中国共産党の陳独秀に負わせたのであった。

第七章　中国共産党・党内反対派の由来

1　王凡西『中国トロッキスト回想録』にみる中国共産党・党内反対派の由来

一九二七年四月の上海大虐殺の時期、さらには「八・七会議」とその後の広東コミューンの無残な敗北の時期にあっても、中国共産党内に党内反対派は結成されていなかった。陳独秀ら中国共産党指導部は、ソ連共産党内の党内闘争とコミンテルンの変貌についても何も情報は得られなかった。陳独秀らがソ連共産党の驚くべき変貌について知るのは、およそ二年後の一九二九年になってからである。

党内反対派が生まれたのは、本国においてではなくソ連に送られた留学生らの中からであった。中国留学生たちは、ソ連共産党の党内闘争の状況を知ることができたし、中国第二次革命についてのスターリン派にたいするトロツキーの批判については、わがこととしてそれを受け入れていた。

一九二七年四月の上海大虐殺後、ソ連邦へ留学生として送られた青年・王凡西は当時のソ連における中国留学生の情況を生々しく伝えている。その概要を紹介しよう（小見出しは引用者）。

① 未知のソ連邦へ

「われわれの正式学生生活は、始まるやいなやいきなりソ共党内闘争の渦巻にまきこまれた。この闘争はやがて大きな範囲でソ共、ソ連、ひいては全世界人類の運命を決定することになろうとしていた。ロシア革命史をほとんど知らず、ソ連と世界の労働運動についても知識がなきに等しいなかで、いきなりこの論争問題に接触し、われわれはどうしていいかまるでわからなかった。しかしわれわれが強い興味をもったのは、当時の論争の主要問題のひとつが中国革命にかかわっていたからである。これらの論争は理論上のことはよくわからなかったが、事実のほうは熟知していた。事の多くはわれわれが自ら体験し、疑問をいだかされ、われわれ自身のやり方で考えてきたものだからである。したがってわれわれはモスクワで落ち着くや学習し考えはじめ、全幅の精神をこの論争に注いだ。」

② 十月革命十周年デモと二つの情景

「十月革命十周年記念日がやってきたとき、私はこの程度の『スターリン主義者』だったわけである。その日のデモは私の生涯で始めてみる大がかりなもので、われわれの隊列は黎明時に区ソビエトの門前に集合し、ずっとデモ行進し、正午に赤の広場を横切り、午後三、四時になってようやく家へ帰った。レーニン廟の前で始めてスターリンらの要人を見かけた。彼らは手をあげ、通りすぎる各隊列に向かって、スピーカーからさまざまなスローガンを呼びかけた。中国革命がまだあまりにも新鮮だったからであろうか、それとも中国革命はまだ失敗していない、より高い段階に入ったのだとスターリンが故意に表明したかったのであろうか、中国学生は赤の広場でとのほか熱烈な歓呼を受けた。」

「しかし宿舎に戻り、夕方になって私はもう一つのニュースを耳にした。一部の人たちは、今日赤の広場でわれわれと全く逆の待遇を受けたという。それは私が中国で知っていて、いま中山大学で通訳をやっている友人が教えてくれたものだ。今朝反対派が『反対デモ』を行い、『レーニンの遺言を実行するよう要求する』のプラカードをもって隊列に参加し、赤の広場を通りすぎるとき、プラカードは破られ、双方に衝突が発生し、さらにトロツキーの自動車に発砲した者があった、と彼はいった。」

③ ソ連におけるスターリン派と党内反対派の対立

「反対派に打撃を与える闘争は狂気のように行われた。行政的警察的手段、いや特務（スパイ）的流氓（ごろつき）的手段が、これまでの『理論』闘争にとってかわった。反対派分子はつぎつぎ党を追われ、これにともない、いかなる工作、職業からも追われた。反対派を殴打するニュースはしばしば聞かれた。中山大学では一群の有名な反対派が党を除名され、反対派に属する教員はすべて解任された。東方大学の中国人学生は一人もこの嫌疑を受けなかったが、人々にビクビクし、学友間の関係が日ましに緊張し、疑いの視線が至るところにみられ、われわれのような新参者はとりわけ観察の目標となった。十二月初旬、ソ共十五回大会が開かれたが、反対派は一人も代表に選ばれず、彼らは事前に粛清された。会議はスターリン派の論調一色で染められ、採択された議決は全く、すでに執行してきたすべてのやり方を批准し承認するだけだった。大会はすべての反対派分子を除名し、秘密警察に処理を委ねるよう決定した。」

「反対派全体について、とりわけ著名な領袖が迫害された情況を、われわれはすみやかに、しかもはっきりと知った。これは非常に奇怪であり、私にはその理由が初めから終わりまであまりはっきりしなかった。当時、当局は反対派を扱うのに秘密の措置をとった。新聞では報道したことがなかった。しかしどんな事柄でも、たとえば十一月に孫中山と共同宣言を発表したことのある、あの著名な外交家［ヨッフェ］の飛びおり自殺は、われわれのほとんどが即日耳にした。トロツキーの護送のさい、朝駅頭で発生したトラブルは、正午にならぬうちに湯の沸騰するようににぎやかに学生の間で伝わった。空気には神秘的伝導体があるらしく、ニュースは足がないのに歩いた。食堂で、廊下で、教室で、学生たちは三々五々集まり、聞こえてきたこれらのニュースをそっと交換した。人々の顔には快活な表情はほとんどみられず、憂鬱、感傷、愛惜、同情の顔が普遍的であった。二、三ヵ月来、人々は毎日スターリン、トロツキー両派の問題を討論してきた。前者がいかに正しく、後者がいかに誤っているか、が毎日語られた。討論ではわれわれはいちいち採決し、『中央』の反対派非難に賛成し、さらに反対派の除名に挙手で賛成した。しかし最後になって、反対派がほんとうに除名され『中央』がこれらの人を監獄に放りこみ、あるいは列車に押しこみ、遠方に追放するときになって、人々は憂鬱になり、感傷的になり、ひいてはこれらの敗北者に同情した。この現象は解釈しにくく、心理のプロセスはやや複雑である。しかし単純にいえば、二つの原因にほかならないと私は思う。一つは被抑圧者に同情する人類の本性であり、二つはスターリン派の勝利が、実際には思想上で真にわれわれを説得しえなかったからである。」

④　党内反対派急増の理由

「トロツキー派は徹底的に処分されたようだった。しかし実は隠れトロツキー派はほとんどいないのではなかった。当時の教員と学生のなかにまだたしかにいたのである。

安福らは隠れトロツキー派の影響を受け、一九二八年夏休み前に早くもトロツキー派に変わっていたし、私の旧友范錦標がトロツキー派に移った情況も同じであった。

保養所生活の後半、政治思想生活は非常に生き生きした。安福らが野営（キャンプ）からでてきた。私と彼らは密接になり生活をともにした。反対派の主要文献を中文に訳し、細かい字で小さな日記帳に書き写し（そのうち一部は読んでいたが、まだ読んでいないものもあった）慎重にそして広汎に中国人の間で回し読みして、すぐ影響が生まれた。

当時東方大学の学友のほとんどは（政治班と軍事班あわせてまだ一、二百人いた。軍事を学んだ大量の学生は帰国の途につき、あるいは正規の軍事学校に入ったので）反対派文献の攻勢の前に全く抵抗できなかった。この情況は今日からみると不可解にみえる。当時は反対派の『処分』なるものから半年余、反対派分子はことごとく党を追われ、しかも刑法第五十八条で処分され、これらの人は追放されたり、監禁されたりして、表面上すっかり消滅したごとくだったからである。しかもジノヴィエフとカメーネフはすでに悔い改めて投降し、『プラウダ』には毎日反対派の自己批判と反省の声明が載せられ、反対派の精神も解体されたことを表明していたからである。

しかしモスクワの中国共産主義者はこの時一組一組と反対派に転じて、このうえない情熱をもって非合法と宣言された文献をこっそりと読んでいたのだ!彼らをほぼ一年前ソ連に来たばかりの情況と比較すると、事態はもっとおもしろい。

一九二八年からモスクワの中国共産主義者が群れをなして反対派に向かった主要要因は、中国とソ連の情勢がいずれも驚くべき速度で反対派の主張を実証したことである。これらの主張は人々はスターリン派の戯画化した伝達(非難)のなかに見出したのだが、事態の展開はその正確さを反映していた。中国では『革命は失敗しなかっただけでなく、より高い段階へ進んだ』なるいい方は、秋収暴動と広州暴動によって最も悲惨な展望、痛ましい笑話であることが証明された。ソ連では、いうところによれば『農村で内戦を起こして労農同盟を破壊し』なければならないとした反対派は粛清されたが、『労農同盟』の情況は日ましにひどくなった。食卓には黒パンがますます多くなり、食糧に対して『緊急措置』が実行されて、食物の購入には切符が必要とされ、のちには果物でさえずっと買いにくくなった。富農たちはトロツキーの失脚をみるや進攻を始め、スターリンらは逼られて狼狽した反撃を行った。これらの現象はすべてわれわれの眼前で親しく演じられたのである。

これらの結果をみて、数カ月前の中央派と反対派双方の言論を回想すれば、どんなに思想的に怠惰な人でも、いくらか反省せざるをえなくなった。反対派の警告は正しかったのであり、彼らの立場は荒唐無稽ではなかったのではないか、と。こうした心理的変化は、ロシアの共産主義者の間ではむろんもっと早くもっと強く生じた。私が後に得た情報によると、一九二八年に比較的有名な反対派領袖が次々と悔い改め、スターリンに投降したけれども、一般党員とりわけ若い世代の労働者党員は、群れをなして地下の反対派組織の周囲に集まった。当時モスクワの中国共産主義者の群れが反対派についたのは、この総過程の部分的表現であるにすぎない。

秋に学期が始まると、われわれは一緒に中山大学に戻った。東方大学から転入した学生は、誇張なしにいって、九十パーセント以上がすでにトロツキー主義者になっていた。人数が多いため組織問題をまじめに考慮せざるをえなくなった。おそらく、九、十月であろう、ある日曜日に十数組の中国人学生が分かれて出発し、食物を携帯し、電車に終点まで乗り、さらに歩いてモスクワ郊外までピクニックに出かけた。人々は大きな森に腰を下し、食べたり歌ったりした。行楽客がいなくなったのをみて、人々は厳粛に話をはじめ、モスクワの中国人反対派の組織問題を討論した。」

⑤　ソ連邦・党内反対派との接触

ソ連邦・党内反対派との接触を王凡西は次のように記している。

「われわれがそのときロシア人の反対派とつながりができたのは、ボリャコフという名の青年を通じてである。彼はラディック時代に中山大学で教えたことがあり、闘争のとき党を除名され、失業し、当時はモスクワ近郊の小工場で働いていた。彼は私が仕事場のことで困っているのを知って自分の家に招いてくれた。彼の家は東方大学図書館から遠くなく、ロシアの旧式アパートの小さな部屋だった。彼は一年あまり前に結婚したばかりで、婦人は若く美人でまだモスクワ大学に在学中だった。まもなく女の子が生まれ、夫は母子の世話をした。私が始めて行った日に、ボ婦人は朝食を終えたところで、ミルクを用意していた。彼女は私を歓迎し、笑いながらいった。『あなたちょうどよいところへきてくれたわ。今日は私の母親が用事のため来られないので、あなた赤ちゃんの世話をしてちょうだいね』。まるまるこえた赤子はゆりかごのなかで楽しそうに眠っていた。『赤ちゃんが目をさましてもし泣いたら、ミルクをあげてちょうだいね。赤ちゃんはおとなしいから、あなたの工作をじゃますることはしないわ』と彼女はいった。引き継ぎが終わると彼女は私にお茶を入れてくれ、サンドイッチを一皿手渡し、私が坐って仕事をやる椅子を示し、夫婦いっしょに出ていった。門を閉めて私はトロツキーの『批判』の翻訳を始めた。途中で何度かミルクをのませ、慣れぬ手つきで二度おむつを代え、この賢く美しい主婦が戻るまでずっと愉快に仕事をした。こうして一、二週間が過ぎた。

ある朝私が学校の門を出ていつもの仕事場へ行こうとしたとき、突然女性の声で呼び止められた。私がふり向くと、大きな肩かけで頭を包んだ婦人が立っていた。私は驚きのあまり、すぐに誰かはわからなかった。近よってみて、ようやくボリャコフ婦人であることがわかった。私は手を伸ばしたが、彼女は手を握らず、私に通りの花園へ行くよう示唆した。彼女の今日の表情はいつもとちがって笑いがなく、いわんやちゃめっ気がなく、眼には泣いたあとがあり、顔中に愁いがあった。まずいことになったのを知った。

通りの花園の静かなすみで、彼女はボリャコフが工場のストライキを指導して逮捕されたといった。彼女はまた、すでに共青団を除名され、学籍を失ったので大学にも戻れないといった。私はどうするつもりかと聞いた。彼女は自分でもわからない、今日の午後子供をつれて母の郷里へ行く、故郷はボルガ河のそばなの、といった。私はことばが出ず、なんといって慰めてよいかわからず、ただ黙って向き合うだけだった。最後に彼女は一冊の本を私に渡した。それは私が彼女の家に置いていたレーニン全集の一冊で、表紙に私の名が漢字で書いてあった。彼女は苦笑していった。『あぶなかったのよ。ゲ・ペ・ウがやってきて家を探したときこれに気がつかなかったの。気づいていたらあなたもおしまいだったわ』。私は本を受け取り、なんといってこの心優しい若い母親に感謝したらよいのかますますわからなくなった。彼女はむろん長話しようとせず、先に手を出し、われわれはかたく手を握り、それから肩かけで頭をおおい、『ご好運を』といいあって別れた。これは私が初めてぶつかった、スターリンの特務に迫害された革命家の家庭である。この情景はずっと私の心に深く刻まれ今日に至っている。その後私は祖母から孫娘まで三代にわたるこの三人の女性についてなんの消息も得ていない。だが彼女たちがほんとうに『好運』を得てほしいと願っている。

「ボリャコフは当時モスクワ反対派秘密委員会の一員であり、彼と同時に逮捕された全委員会に連なる人はかなり多かった。ただわれわれが完全に無事であったことから、これらの人々が逮捕後毅然として、『自白』などしなかったことがわかる。」

⑥　二九年春、トロツキーの声望

「この時は全ソ連の反対派が私が前に述べたようにすみやかに発展した。農村の危機が激化し、スターリンは反対派の主張を偸みとって局面に対処せざるをえず、同時にその同盟者右派のブハーリンらとの公然たる決裂が始まった。一年前に「党を誣いる」ものと宣告された反対派のさまざまな警告は、このときひとつひとつ実証された。あるいはスターリン自身が全党同志に警戒し闘争するよう呼びかけることになった。

事態はトロツキーの正しさをすみやかにはっきりと証明した。彼の声望は驚くべき速さで回復した。人々はこのとき反対派の話をますます傾聴したがり、トロツキーの秘密文書を必死で求めた。ソ連の党員と大衆の間でのこの心理上、思想上、感情上での変化は、われわれ中国人学生の場合とそっくり同じである。一年前にスターリンに不和した者が、このときは倍加する熱情をもってトロツキーをなつかしがった。モスクワのトロツキー派秘密組織が破壊されるごとに、新しい指導機関が成立した。トロツキーははるか遠くのアルマアタ（中国新疆に近い中央アジア地方）に追放され、彼の居所は監視され、外との接触は妨害されたが、彼の書く論文一篇一篇は、書きあげて一月を越えないうちに全ソ連に伝わった。トロツキーに同情する人がたいへん多くなった。

スターリンの特務機関のなかでさえ、命令によりトロツキー派を扱うものの、ひそかにトロツキーを助ける者があった。権力の争いはまだ最終的には決まっていないかのごとくで、このため職業官僚でさえ留保しておき、他日トロツキー派が再び権力についたときの贈り物とすべきだと感じていた。

中国人学生は一部の時間、生産に参加するように定められていた。彼らは各工場に実習に派遣され、少数の党籍を失った者（それらのなかには、反対派の同志もいる）はモスクワに帰ってきて、他の都市の労働者の情況をわれわれに教えてくれた。この二種の人々の消息から、ソ連の労働者が当時非常にトロツキー派に傾き、政府にきわめて不満なこと、この不満のため他の都市の工場では、しばしば小さなトラブルがストライキに発展していることをわれわれは知った。」

「トロツキーの国外追放も反対派がソ連でひきつづき発展するのを阻止できなかった。すなわち最も卑劣な侮辱も予期した効果をあげえなかった。当時ブハーリンとスターリンの争いは公然の秘密となっていた。ブハーリンは論文を書いてスターリンの農業政策を批判し、過去の仇敵でいまは投降しているカーメネフらとひそかに連絡をとった。スターリンは右派に対して直ちに行政上の打撃を与え、ブハーリン、ライコフ、トムスキーの三巨頭を要職（それぞれコミンテルン議長、人民委員会委員長、全ソ労働組合議長）から外した。両派の闘争は少なからざる内幕を暴露し、『レーニン主義的な、真心から団結した中央』なるものが結局何であったかを人々にはっきりと見せてくれた。」

「一般の人は自然トロツキーをなつかしんだ。『彼こそ男であった！』このことばは下層へ行くほどよく聞かれ、とりわけトロツキー指導下の赤軍に入り、革命を体験した人はそうであった。私がソ連で接触した人は多くなく、そのうち大多数は党員であったが、少なからずそういう声を聞いた。」

2 中国人留学生の悲劇――スターリン派による暴虐と粛清――

一九二九年八月末、王凡西は二年間の留学を終えて帰国した。その半年後、当局のスパイによって反対派組織が摘発された。大量の留学生が極寒の辺境に送られ、再び母国に帰ることはなかった。おそらくスターリン時代最初の国際的粛清事件であろう。

「モスクワの中国人留学生のトロツキー派組織はわれわれの帰国後もなお発展したという。私が去ったとき、全ソ連各校のトロツキー派は二百余人で、それからさらに発展し、当時の全中国人学生の約半数（計五百余人）を占めた。この潜航するトロツキー派勢力に対して、王明をはじめとする学校党部は早くから警戒していたと私はすでに述べた。しかし彼らは、かくも大勢力であるとは終始予想していなかった。」

「趙は人柄はまじめだったが感情にもろく、剛毅さが欠けていた。一時期の苦痛な動揺を経てついに屈服し、彼の知っているトロツキー派のリスト全体を老寡婦に渡した。行動はすばやかったという。その夜大量の武装ゲ・ペ・ウが宿舎に来て、二百余人の中国人学生をたたきおこし、護送車で連れ去った。趙言軽だけが逮捕を免れ、『老寡婦』らが笑顔で彼を慰め、彼の『光栄ある奉仕』は『党』の厚遇を得られようといった。」

「そのもの淋しい寂莫を彼は十分味わう。良心の呵責はこの感傷的変節者を生きていけなくし、その夜首吊り自殺した。」

「この態度が激変したのは、上海のトロツキー派の活動、とりわけ陳独秀がトロツキー派に変わったことの影響を受けたものであり、学校当局がすべての力を尽くしてトロツキー派を破壊したのは、きっとコミンテルン（すなわちスターリン）の直接の命令によると私は信じている。」

王凡西は帰国後、周恩来のもとで活動したが、トロツキストであることが判明し、党内反対派として公然化した。鄭超麟、陳基昌らとともに陳独秀を最後まで擁護した。かれの回想録は中国人留学生のなかから中国共産党党内反対派が生れた事情を知ることができるおそらく唯一の資料である。

第三部　中国共産党のスターリン派と党内反対派への分裂

中国共産党の創始者・陳独秀とかれを中心とする党内反対派が公然とコミンテルンに対して反旗をひるがえした。世界的な事件であった。以後、中国の革命運動は二つに分裂する。一方は、ひき続きコミンテルンの指導下に残ったスターリン主義派である。他方は、コミンテルンに反対し国際反対派に結集した部分であった。

第八章　党内反対派から国際反対派へ

1　難航した党内反対派・四派の統一問題

期待された中国トロツキズム運動は、その後どうなったか。それは民衆の期待には応えられなかった。大同団結して大衆闘争に取り組むべき時に、団結をはからず、小異にこだわり、大きく情勢からとり残されたのであった。

トロツキーは、小異にこだわらず統一を急ぐべきことを当時の四つのトロツキー派組織に促していた。それでも統一は遅々として進まなかった。陳独秀は自ら交渉メンバーにのり出し、三一年にようやく統一にこぎつけた。

主要な原因は、左翼教条主義の傾向と中央集権主義的党組織論の影響が強く残っていたところにあった。政治路線上はスターリン主義路線に反対していても、組織路線上は依然としてスターリン主義の「民主集中制」を踏襲しているというのが実情であった。

ここには、トロツキー自身における従来の党組織路線の総括の不充分性という問題もあった。トロツキーはレーニンの組織路線にたいする批判をはやくから展開していたが、ボルシェビキ党への合流後はそれを留保していた。それはやむをえないことでもあった。それにトロツキー自身も「民主集中」制の両義性に幻惑され、その限界からまだ抜けきれていなかった。かれの真情は、新路線論争時の青年への訴えに吐露されている。いづれにせよ組織路線は不充分なまま残され、それは後のトロツキズム運動の足かせとして残った。

一九三一年に統一にこぎつけたが、待っていたのは蒋介石による弾圧であった。中央委員の大半が逮捕され、陳独秀も翌年逮捕投獄された。新しいトロツキズム運動は民衆の前にほとんど姿をあらわすことはなかった。

2　陳独秀と彭述之の獄中での決裂

陳独秀は一九三七年夏南京監獄から釈放された。かれは獄中で彭述之と決別していた。陳独秀は上海へは行かなかった。なぜ行かなかったのか。王凡西の次の指摘はおそらく的を射ているだろう。

「かれが最も嫌悪した上海作風とは、ひき続き租界の屋根裏部屋にいて、抗戦を叫び、実際行動を一歩も進めず、政治的あるいは軍事的行動に果敢に身を投じないことであった。いかなる時にも、いかなる条件のもとでも、革命のためにやることといったら、憐れむべき新聞を出すことに帰着していた。私が出版物創刊を提案したのを聞いて、かれがはき棄てるように、いらぬと言ったのも不思議ではない」。(王凡西、前掲書)

陳独秀は、トロツキズムから離れたわけではなかったが、しかし「上海作風」にみられるトロツキストの一部風潮には我慢がならなかった。陳独秀は自ら軍隊をもち、中国人民の抗日運動に参加するつもりであった。トロツキーからの手紙を届けた陳基昌がそれを語っている。

陳は、ブルジョアジーとも、毛沢東とも接触をもった。自分の原則さえはっきりしていれば、相手にのみこまれることも、セクト主義に陥ることもないからである。毛沢東は、トロツキズム反対を条件として陳の提案から逃れた。しかし、陳基昌ら極少数を除いて陳独秀の方策に賛同する者はいなかった。

その後のトロツキー派について、王凡西は次のように語っている。

「一九四一年夏、彭述之らは、いわゆる中国トロツキー派の『第二回全国代表大会』なるものを主催した。（私は病気のため参加しなかった。超麟、基昌、国華の三人はかくも軽率に大会を開くことに反対であったので、参加を望まなかった）。会議で新しい指導機関が生まれたが、五人のメンバーはみな多数派に属していた。われわれは、いつでも『国際主義者』を停刊すると声明した。彭述之をはじめとする新しい党務委員会はわれわれの要求を考慮しようともせず、少数派の行動は組織原則を破壊するものだと指摘し、もし発行を続けるなら、あらゆる少数派同志は中国トロツキスト派を『自動的に離脱』したものとみなすと宣言した。

こうして、一九三一年に統一された中国トロツキー派は一九四二年五月分裂に陥り、それ以後二つの組織が存在し、今に至るも合併していない」

その後の両派の動向について言えば、一九四九年十月の毛沢東による全国制覇に際して、鄭超麟、王凡西らは連絡員として王凡西を香港に残し、ひき続き国内で活動を続けることを決定した。彭述之ら多数派は国内から離れ、香港へと移った。

一九五二年、毛沢東政権は国内のトロツキストの一斉逮捕を行った。親戚・縁者まで含めて約二〇〇〇名の逮捕は、毛沢東が政敵をけっして忘れていないことを示していた。

中国トロツキズム運動についてもっとも責任を負うべき彭述之ら多数派指導部は、第四インターに身を寄せて中国革命への評論だけをこととしていた。中国革命の重要な時期における中国トロツキズム運動の事実上の不在という問題は、中国革命史における一つの重要問題であった。

第九章　陳独秀最晩年の小論と『提言』

陳独秀は、その最晩年に『私の根本的意見』など数本の小論を発表し、その中で自らの『提言』を行っていた。

陳独秀の小論は中国トロツキスト（多数派）の批判を受けた。なかには、陳は小ブルジョア民主主義者になりさがったとか、晩節をまっとうしなかったなどの批判もあった。陳はまったく孤立していた。しかし、ふり返ってみれば、陳はこれらの小論において、重要な問題提起をおこなっていたのであった。

以下、三点にわたって陳独秀の『提言』を紹介し、検討する。

1　抗日戦争の問題――左翼教条主義批判

中国は、英、米、仏、独、日など帝国主義列強の隷属下にあった。なかでも日本帝国主義はもっとも侵略的で貪欲であった。中国人民の闘争の鉾先は、当然にもこのもっとも侵略的な日本帝国主義に反対する抗日戦争へと向っていった。

これは自然な道理であった。しかし、陳独秀を除く大方の中国トロツキストにとってはそうではなかった。かれらは、大衆闘争の動向には目を向けず、ある時期、ある場所で有効であった外国の戦術をもちだし、「帝国主義戦争を内乱へ！」とか、「すべての帝国主義に反対する」など左翼教条主義に陥り、身動きできなくなっていた。

陳独秀は、一九三八年一月八日付のトロツキーあての手紙で、次のように述べている。

「言うまでもなく、われわれが戦争によって急成長するなどという幻想をもつべきではないが、多少とも正しい政策を実行すれば、現在のような虚弱な状態でいることはないであろう。しかし、最初の時点から、われわれのグループは極左的立場に向う傾向があった」

極左的傾向はどのような型をもって党内にあらわれていたのか。

陳は、次のように述べている。

「たとえば、中国の民主革命はすでに終わったと考える者がおり、次の革命が本性からして民主的要素のない純粋に社会主義的なものであろうと考えている者がいる。また、次の革命は当初から社会主義的であろうと考え、国民議会の呼びかけには階級的要素などないと考え、かくして疑念を抱いている者もいる。国民会議の呼びかけは反動的スローガンであり、国家権力奪取のために利用できない平和裏の運動であって、そのためにはソビエトのスローガンだけが適切であると考えている者もいる。民族的民主的闘争はブルジョア的課題であり、プロレタリアートはその闘争に参加できるが、自らの課題とみなすべきではないと考える者がおり、そして中国プロレタリアートは自らの肩に民族的民主的課題の解決を担うべきであると提起しているような同志たちはブルジョア左派の意識に染まっていると考えている者もいる。外国帝国主義ないし国内独裁者に反対する共同行動に関して他階級の諸党派と協同することは、いかなる時期、事件、状況であれ、日和見主義と考えている者もいる。

これらの極左的傾向は、組織内のプロパガンダと教育で大きな役割を演じてきたし、そして、その結果、中日戦争に対する全体的姿勢を規定してきた。この間違いを矯正できる人は誰もいない。そうした矯正を行おうとする者は誰であろうと日和見主義者として非難されてしまう。戦争に関して、この種の極左主義者たちは、抵抗運動に参加するであろうが、同時に、その意義をあまりに高く評価することには反対だと言う。

彼らは国民党支配に反対する戦争だけが革命的であり、日本帝国主義に抗する戦争はそうはみなされないと信じている。『愛国』という言葉を冷笑し、この戦争は国民党と日本の天皇との戦争であるとみなしている者もいる。労働者が戦争に参加するなら、それはブルジョアジーの砲弾として行動することであり、抗日の共同作業のために共産党や国民党と協定しようとすることなど、堕落であり、投降なのだとすら考えている者もいる。

大衆の眼には、『トロツキスト』は、日本人に抵抗するのではなく、中国共産党と国民党を厳しく非難する論文で刊行物を満載していると映ってしまう。その結果は、スターリン主義者による『托匪漢奸』プロパガンダが人民の全階級で反響を見いだすことでしかなく、われわれに共鳴する人の間ですら『トロツキスト』が目下主敵であるとみなしているのは誰かを理解しがたくしてしまうことになる。戦争が勃発した後ですら『トロツキスト』はこれと同じ方式で行動し続けてきたのである。彼らは支持を得るのが不可能であるだけではなく、他の人々に接近するのすら不可能になってしまう。結果として、彼らの視野は狭くなり、革命党の党員は社会関係をもたなくなればなるほど、よりよい、という理論をでっちあげてしまう者も出て来る始末である。

この種のちっぽけな閉鎖的な極左組織（メンバーのうちごくわずかの例外がいるだけの）には明らかに新規の支持者を勝ち得る機会はなく、たとえ新メンバーを獲得したとしても、中国革命のさらなる発展の障害になるだろう。」

「私がちょうど指摘したばかりの政策に伴う困難な仕事に従わず、大指導者気取りで、実体の伴わない指導部を組織し、閉鎖的な自分たちだけの小王国を第四インターナショナルの名前に依拠しながら築いて自足し続けるならば、彼らは中国における第四インターナショナルの権威を汚すこと以外のいかなることもなしえないであろう。

一九三八年一一月三日　四川の某所にて」（『陳独秀文集』3、平凡社）

抗日戦争において、民衆を組織しその闘争の先頭に立たなかったことは、中国トロツキズム運動の致命的な欠陥であった。

2　民主主義の問題

マルクスはその『共産党宣言』において、次のように述べていた。

「労働者革命の第一歩は、プロレタリアートが支配階級の地位にのぼること。民主主義を闘いとることである」

しかし、この「民主主義を闘いとる」という重要な課題は、ロシアのボルシェビキ政権のもとでは軽視され見下されてしまった。こうしたボルシェビキ党内の極左的風潮は、中国のトロツキズム運動にも強い影響を及ぼしていた。

民主主義の問題を正当な地位に引きあげ、民主主義獲得の闘争を社会主義をめざす闘争とかたく結びつけたことは、陳独秀の重要な功績であった。

陳は、一九三四年の時期に次のように述べている。

「したがって、私は断固として言わねばならない。われわれがもし左翼反対派のコートをはおったメンシェビキでないのなら、中国プロレタリアートの命運に関連する民主主義運動やそのスローガンにたいして、的確で深い認識をもたねばならない――中略――民主主義運動やそのスローガンは、ある特定時期の戦術ではなく、中国革命の根幹であり、中国プロレタリアートが政権を奪取する革命の全戦術の礎石なのである」(『いくつかの論争問題』一九三四年五月一二日)

『プロレタリアートと民主主義』(一九三三年三月一〇日)では、次のように述べている。

「人々はこれまで、民主主義について多くの誤解をしてきた。その最も浅薄な見解は、民主主義をブルジョアジーの専売品と見なして来たことである。だが、人類社会は、政治組織の誕生からその消滅にいたるまで、この過程にあって、民主主義は歴史の発展に従って発展し、各段階での内容と形態を形成してきたのである。

階級や国家のない氏族社会にも、すでに政治組織は存在した。モルガンによれば、いわゆる一権政府（酋長会議）から三権政府（酋長会議、人民会議、軍事総指揮官）に至るまで、すべて民主主義的であった。モルガンによれば、全員の熟知せる事情の下に召集され、民衆の監視中に開催された〔そして彼らの雄弁家に公開された酋長〕会議は、必ずや民衆の〔影響〕下に行動したに違いない。形態こそ寡頭政治的なれ、〔この政府は〕民主的代議制であって、代表者は罷免されることはあったが、終身官として選出された。各氏族員の同胞関係、及び官職に関する選挙制は、民主主義の萌芽であり、基礎であった。民主主義は其他の大なる原則が、かかる進歩の初期段階にあったように、不完全に発達してはいたものの、猶且つ人類〔の種族における頗る〕古代の系譜を誇り得るのである」（モルガン『古代社会』第二編第四章、一一八頁）

「社会主義運動が生まれる以前、これら民主主義の課題を達成することは、人類の進歩の唯一にして偉大なメルクマールであった。それ故、民主主義とは人類社会が進歩するための一種の動力であった」。

「真理はすべて具体的なものである。したがって、プロレタリアートのマルクス主義は具体的である。われわれが言うところの民主主義も抽象的ではない。それは、全権を有する国民会議の普通選挙による選出、帝国主義勢力の排除と中国の独立、八時間労働制の実行、（地主の）土地没収と貧民への配分、および出版・集会・結社・ストの自由といった具体的内容である」

「プロレタリアートの民主主義は、迅速な手段を用い、徹底的に官僚主義を排除し、さらにこの種の手段を徹底的に応用し、官僚主義の完全な消滅、民衆を代表する民主主義の完全なる実現（つまりレーニンの言うところの「ほんとうにすべての人が国家の統治に参加する」）まで続けるのである。この意味において、今の時代にあって、プロレタリアートだけが民主主義勢力の真の代表であり、われわれ共産主義者は、同時に真の民主主義者である。」

「われわれ共産主義者は、同時に真の民主主義者である」という陳独秀の言は、当時の左翼運動の重要な欠陥を突いていた。

陳独秀はまた、次のようにも述べている。

「彼らは多数派とはボルシェビキだと思っていますが、実はボルシェビキは決してマルクス・エンゲルス主義ではなく、ロシアの急進的プチ・ブル階級であり、つまりはフランスのブランキ主義です。今のドイツのナチズムは、古いプロシャと新しいボルシェビキの混合物です……私は引き続き文章を書いてボルシェビキの横暴やペテンなどの罪悪をはっきりさせ、公表します。あなたは学を好み思索をなされる方なのですから、ボルシェビキとマルクス・エンゲルス主義との違いがおわかりになるかと存じます」

陳独秀の民主主義にたいする洞察はきわめて鋭く、深いものであった。それは、当時支配的であった民主主義蔑視の傾向にたいする真向からの批判であった。それはまた、ボルシェビキ理論とマルクス・エンゲルス主義とのちがいにまで言及していた。

3　ボルシェビキ理論の欠陥とプロ独裁の問題

陳独秀による民主主義問題の検討は、次にはプロ独裁の問題へと進んでいった。両者は、切り離しがたい関係にあったからである。

陳独秀は、プロ独裁について、次のような観点を示している。

「何ら先入観をもたずソビエト・ロシア二十余年来の経験を理解し、科学的、非宗教的にボルシェビキ理論とその指導者たちの価値を評価し直すべきである。一切の罪、例えばプロレタリア政権下での民主制の問題などをスターリン個人の責任に帰してはならない」（『私の根本的意見』）

「もしソ連が社会主義国家だとかたくなに言い張るなら、社会主義を踏みにじることになるだろう。もし、ロシアが辛苦に耐え、往年の国際社会主義の立場をそのまま守り続けていたなら、中日戦争が始まるや、全力で中国を援助していたはずだ。つまり英米同様に局外に身を置いて中国を援助するというのではなく、中国の対日抗戦を指導することは自らの責任だと考え、出兵して参戦し、ソ連と中華民族の存亡を同じくしただろうということで、そうしてこそ、国際社会主義者の態度であり、指導国の態度である」(『被抑圧民族の前途』)

「もしスターリンの犯罪はプロレタリア独裁と無関係だ、と言うなら、それならば、スターリンの罪悪とは十月〔革命〕以来のソ連の制度が民主制の基本的内容に違反したことによるのではなく(これらの民主主義に違反する制度はすべて、スターリンが創始したものではありません)、スターリン個人の心だてが特に悪いからだ、ということになります。これでは全くの唯心主義者の見解です。スターリンの罪悪はすべて、プロレタリア独裁のロジックが発展したものです。

考えてもみてください。スターリンの罪悪で、秘密政治警察の強権、一党制と党内分派の禁止、思想・出版・スト・選挙の自由を認めないことなど、十月以来のソ連の一連の民主主義に反した独裁制に基づかずに生まれたものがあるでしょうか。これらの民主主義制度を回復させなければ、スターリンの後継者に誰がなろうと『専制の魔王』となることを免れません。ですから、ソ連の諸悪をすべてスターリンのせいにし、その根源をソ連独裁制の欠陥にもとめないのであれば、まるで、スターリンを除けばソ連のあらゆることは素晴らしい、ということになってしまいます。

公平な政治家なら、こうした個人を盲信し制度を軽視する偏見を持たないはずです。二十年にわたるソ連の経験、特に後の十年の苦難の経験を、われわれは省みるべきです。われわれが制度の上に欠点を見出して教訓を得るのではなく、それらに目をつむりスターリンに反対するだけなら、永遠に覚醒することはできません。」(『西流への書簡』)

「プロレタリアートが政権獲得で手にした国有大工業・軍隊・警察・裁判所・ソビエト選挙法といった優れた道具は、ブルジョアジーの反革命を鎮圧するには十分でした。独裁で民主主義に取り換える必要などなかったのです。独裁制は鋭利な刃物のようなもので、今日他者を殺すことに用いられても、明日には自分自身を殺すことに用いられかねません。当時レーニンは敏感にも、『民主主義とは官僚制に対する抗毒素である』と気づいていましたが、民主制、つまり秘密政治警察の廃止、反対党派の公然たる存在の許容、思想・出版・スト・選挙の自由などをまじめに採用することはありませんでした。

L・Tは、独裁の刃が彼自身を傷つけた時になってはじめて、党・労働組合、そして各レベルのソビエトには民主主義が必要であり、選挙の自由が必要だと思い至ったのですが、しかしそれは遅すぎました。その他の無知なボルシェビキ党員たちは、さらに独裁制を天にまで持ち上げ、民主主義を犬の糞にも劣るかのように罵倒しました。このデタラメな観点は、十月革命の権威のおかげで全世界を席巻しました。一番にこの観点を採用したのが、ムソリーニであり、二番目がヒトラーです。独裁制提唱の本国――ソ連では、一層状況が悪化し、ありとあらゆる悪がなされているのです。このため、独裁を崇拝する徒党は世界に遍く、とりわけヨーロッパでは五大国のうち三つまでが独裁です（ですから、東洋では民主主義が必要だが、西洋では必要ないという主張は誤りです）。第一がモスクワ、第二がベルリン、第三がローマで、この三つの反動保塁は、現代を新たな中世に変えています。」（『西流への書簡』）

右の小論において陳独秀は、ボルシェビキのプロ独裁論の欠陥について、また「スターリン政治体制」の由来について独自の見解をはっきりと表明している。

それは、第一に、「スターリンの罪悪はすべて、プロレタリア独裁のロジックが発展したものです」と述べていることである。

陳は、「スターリンの罪悪で、秘密政治警察の強権、一党制と党内分派禁止、思想・出版・スト・選挙の自由を認めないことなど、十月いらいのソ連の一連の民主主義に反した独裁制に基づかずに生れたものがあるでしょうか」と述べ、ボルシェビキ党のプロ独裁論のなかに後のスターリン主義を胚胎する要因があったことをあきらかにしている。

第二に、陳は、ボルシェビキ党が「民主制、つまり秘密警察の廃止、反対派の公然たる存在の許容、思想・出版・スト・選挙の自由などをまじめに採用することはありませんでした」と述べている。

この指摘は、ロシア革命において、パリ・コミューンの革命的原則がほとんど実施されることがなかったことを指している。そのために、秘密警察など暴力的な国家権力機構がみるみる肥大化し、ついには労働者民衆に敵対するようになったのであった。

第三に、陳の批判は、ボルシェビキ理論の欠陥が国際反対派＝トロツキズム運動にも残存し影響を及ぼしている点にもおよんでいる。それは、とりわけ、ボルシェビキ政権の「反動保塁」への転落を明確にせず、「堕落した労働者国家」といつまでも従来の規定をひきづっていることにあらわれていた。

陳は、一九三四年に次のように述べている。

「私たちは新党を組織するだけにとどまってはならず、その上さらにスターリンの政治制度がまだなお改良可能だと幻想をもつことに反対しなければなりません。私たちは『ソ連防衛』というスローガンに対して、『十月革命の精神にもとづくソ連再建』というスローガンを対置しなければならないのです。これが私の国際書記局にたいする建議です」（『トロツキー派国際書記局への書幹』一九三四年五月十五日付）

陳独秀の提言は、ボルシェビキ理論の重大な欠陥を突いたものであった。それは、簡潔に要約すれば、ボルシェビキ党内の左翼日和見主義思想がボルシェビキ党の変質を招き、後の「スターリン政治体制」を招いたということである。レーニンのプロ独裁論にみられる欠陥はスターリン主義を胚胎したのであった。これらの陳の指摘は、二十世紀「社会主義」崩壊の原因にも通底する問題である。

右にみられるように、陳独秀は抗日戦争の問題でも、民主主義の問題でも、プロ独裁の問題でも、そして当時しょうけつを極めていたスターリン主義の問題でも、問題を深く考察し、独立思考によってこれらの問題についての基本的観点を提示している。かれの一貫した立ち位置はあくまでもプロレタリア民衆の立場であった。かれは当代のもっとも秀れた「マルクス・エンゲルス主義」者であったし、かれの見地は今日の時代にも継承されるべきものといえよう。

第十章　第二次革命敗北後・国内革命戦争期の中国共産党（一九二八年〜三七年）

1　コミンテルンの極左方針と瞿秋白、李立三、王明指導部

一九二七年末の広東コミューン敗北をもって中国共産党と国民党との「国共合作」時代は終わった。二七年夏の八・七会議と六・一方針の提示がその目印となる。スターリン、ブハーリンらのソ連共産党・コミンテルンは中国革命と中国共産党を徹底的に破壊し尽した。中国共産党が陥った党内状況は、王凡西による革命の首都・武漢の共産党群像によく描かれている。

「国共合作」時代は終わりをつげ、時代は国民党と共産党との内戦期に入る。

スターリンのコミンテルンは今度はその極左路線のもと中国共産党指導部の首を次々にとりかえ、かれらをその極左方針に従わせた。陳独秀の後を継いだ瞿秋白は間もなく指導部から降ろされた。次の李立三はコミンテルンの情勢分析にもとづいて農村根拠地から都市に進出する作戦をくり返しては失敗した。次に党指導部の座についたのは王明であった。王明は中国革命に参加した経験をまったく持たない成り上がり者だった。かれはソ連の留学組でソ連の党内闘争でミフの直属分子となり、数百名におよぶ中国人留学生を辺境に送り事実上葬り去った元凶の一人であっ

た。スターリン―ミフ―王明。こうして王明はついに中国共産党の頭部にまで到達したのであった。

右の図式をみれば、当時のコミンテルンと中国共産党との関係がどのような状況下に置かれていたかは容易に想像がつくであろう。

2　富田事件と反革命粛清問題

革命運動の相次ぐ敗北とコミンテルンと中国共産党とのあまりにも不正常な状態、党指導部の事実上の不在に近い状況によって、中国共産党はプロレタリア的規律を事実上喪失していた。このような状況下で起こったのが富田事件であった。富田事件は百年近く経ったいまでも中国共産党史の闇とされる事件である。

一九三〇年九月、富田事件は起った。『中国共産党の論争点』は、富田事件について、次のように伝えている。

「富田事件の経過――一九三〇年九月、紅第一方面軍（正式名称は中国工農紅軍第一方面軍）が吉安を攻撃、国民党江西党部の一部の資料を獲得した。その中に『AB団』に関する資料があり、それは江西省行動委員会、江西省西南特別委員会に関係するものであった。当時、ソビエト区では一部から反特務、トロツキストを粛清すべきだとの声がすでに出ており、紅第一方面軍総前敵委員会（書記は毛沢東）は政治保安処の処長、李韶九に一中隊を与えて、当時江西省行動委員会が置かれていた富田に派遣し人々を捕え、誰がＡＢ団かを自白させようとした。だがその手段はきわめて残酷なものだった。激しい拷問のもとで百人から二百人が自白した。これに続いて続々と逮捕者が出て、事態は次第に重大化した結果、紅二〇軍では、クーデターだとの騒ぎが起き、『毛沢東を打倒し、朱（徳）彭（徳懐）共（公略）を守れ』というスローガンが叫ばれるまでにいたった。彼らは、このことは毛沢東がやったことで、毛を『第二の許克祥』だと考え、紅第一方面軍を離脱すると宣言した。これが富田事件である」

しかし、中央でも問題は解決しなかった。

「それ以後、各根拠地での大規模な反革命粛清が展開され、『ＡＢ団』七万余人、『社会民主党』六千二百人、『改組派』二万人余が殺された」。こうして「事件は中央レベルの指導者の注意を引き、胡耀邦は、この問題は解決すべきだと語った」。

「一九八八年、党中央組織部は富田事件再審査小組を組織し、段良弼が臨時中央に提出した報告書を探し出した。この報告はきわめて重要なもので、富田事件の全経緯を詳細に述べ、段良弼や劉敵などはもともと『ＡＢ団』でなかったことを証明するものだった。一九八九年の春と夏再審査小組は名誉回復のための文書を中央に提出した。だが今にいたるもなんの結果も出ていない」

「だが学術界は決して満足せず、いかなる冤罪、でっちあげ、誤審についてもすべて党中央の正式な文書があるべきだとしたが、一部の人物の干渉によって現在までのところそのような文書はまだ出されていない」

胡耀邦でさえも事件を解決できなかった。富田事件はソ連のスターリン粛清がはじまるはるか以前に起こった粛清事件である。毛沢東が早い時期から「反革命粛清事件」に関与していたことを裏付ける事件として未だに注目されるが、未解決のままである。

ＡＢ団は国民党の秘密組織だが、そもそもこれほど大量に党組織内に秘密組織が形成されるなど常識では考えられない。謀略事件だが、その手段がまたけたはずれにすさまじい。李韶九は相手をつかまえるや、自白するまで拷問を止めなかった。こうして数百名に及ぶ者が次々と反革命裏切り者に仕立てられていったのであった。しかし、李韶九らを追いかけ中央に問題を提起した人々が、今度は再び問題にされ、事件が迷宮化したことにこの事件の複雑性がある。

富田事件は中国共産党内で起こった数々の「反革命粛清事件」につながる事件として未だに人々の関心を引きつけている。

3　極左路線の破綻と長征

国内革命戦争期の中国共産党の政策は破綻を重ねた。コミンテルンはその極左路線を鼓舞するために相変わらず「高揚に向かう革命情勢」を宣伝し続け、下部機関の中国共産党はそれをオウム返しに唱えた。革命運動は下降期にあり「高揚期」にはなかった。下降期には味方の陣営の損害を少なくし、次の高揚への準備をすべきである。このような道理などスターリン派には通用しなかった。

共産党が根拠地とした農村ソビエト地区は、蒋介石軍の包囲討伐の対象とされていた。共産党は数次にわたる包囲討伐についに耐えられなくなり、農村根拠地を放棄せざるをえなくなった。一九三四年一〇月にはじまる「長征」が「北上抗日」のためと言われたのは後からの口実である。実際にはソビエトを放棄してあてどもない旅に出ざるをえなかった。出発時八万人を数えた共産軍は最終地では八〇〇〇人に減少していたという。長征がいかに苛酷であったかを物語っている。

コミンテルンのスターリン派はその後、ブハーリン派を追放し、三六年にはジノヴィエフらを断頭台におくる。ソ連における大粛清のはじまりである。トロツキーの予言のとおりであった。ジノヴィエフやブハーリンはスターリンに利用され、最後には刑場に送られたのであった。

第十一章　抗日統一戦線期の中国共産党（一九三七〜四五年）

1　抗日運動の高まりと「西安事変」

この時期は、抗日統一戦線の結成が中国における最大の政治的事件となった。

日本帝国主義は諸帝国主義のなかでも、もっとも飢えた侵略的な帝国主義として登場していた。一九三七年の盧溝橋事件を契機として、日本帝国主義は全面的な中国侵略への歩を進めた。これにたいして中国の蔣介石政府は、正面から戦おうとせず、相変わらず共産軍への攻撃に終始していた。

このような蔣介石政府の態度に、中国国内の世論は反発を強めていた。「内戦停止」「一致抗日」は中国民衆の共通の願いとなっていた。このような内外情勢の背景のもと、一九三六年十二月に「西安事変」が起こった。政権の中心人物、蔣介石が党内の張学良によって逮捕されたのであった。

張学良は父を日本軍によって殺害され、日本帝国主義に優柔不断な態度をとる蔣介石に不満を募らせていた。張学良らは共産党軍とも通じていた。張学良らは蔣介石に「一致抗日」を要求し、抗日統一戦線の結成を迫った。蔣介石はやむをえず張学良らの意見をのんだ。

2 スターリンの「抗日統一戦線」論と毛沢東

この事件には、張学良派のほかソ連のスターリン派、中国共産党の毛沢東派と王明派など諸勢力がからんでいた。抗日統一戦線をめぐる二つの路線の対立がまた激しく展開されたのである。「すべては統一戦線を通じて」という路線と「独立自主の統一戦線」に象徴される二つの路線である。

コミンテルンのスターリンらは、第二次革命の失敗にもめげず再び蔣介石政権への尻尾主義を説いていた。これを代表したのがコミンテルン中国代表の王明であった。しかし、毛沢東がスターリン派に譲歩しながらも、他方では自主独立の最低限の陣地を確保したことは、第二次革命期との大きな違いであった。

スターリンにとっては日本帝国主義の北進防止こそ最重要課題であった。中国革命の進展如何などはかれらの眼中にはなかった。蔣介石軍をひきつけることが重要であった。そのためにスターリンは一九三七年八月「中ソ不可侵条約」を結び、蔣介石軍への軍事援助をおこなった。スターリンのこの政策は日本帝国主義の南進策がゾルゲ・尾崎秀実らによってあきらかにされた後も、変ることはなかった。

抗日運動への転換は共産党軍にとって幸いしたといえよう。蔣介石の包囲討伐は共産党軍を追いつめていたからである。

3 「延安整風」と毛沢東による党支配権の確立

一九三五年、長征途上の遵義会議で毛沢東は軍事上の指導権を獲得した。相次ぐ極左路線の破綻と周恩来らの転換がその背景にあった。しかし、毛沢東はいまだ政治上の全面的な指導権を得たわけではなかった。それが確立するのは四二年からはじまる「延安整風」によってである。「延安整風」運動の実質は、王明路線の影響を党内から一掃し、毛沢東の指導権を確立することにあった。王明路線とはスターリン直系の路線であり、それらは「左」から中国革命を破綻に陥れてきた。

王明はいぜんとしてコミンテルンにおける中国代表であった。しかし、抗日戦の開始とともに康生と中国へ帰ってきた。王明はスターリン派の路線を忠実に表明していたが、しかし、国内で足場をもって敵と戦っているものと国内に勢力をもたないものとの差異はいかんともし難かった。当時のスターリン派、王明派と毛沢東派の関係については、『延安日記』（ソ連記者がみていた中国革命、ピョートル・ウラジミロフ著）が興味深い。王明の側にあった康生が延安では毛沢東側近として粛正運動に活躍する様をスターリン派の立場からよく描いている。

毛沢東は「延安整風」において、「批判」と「自己批判」という手法を巧みに使いこなす党内監視体制を確立した。この手法のもとでは誰も毛沢東の手の内からのがれることはできなかった。誰もが加害者となり、また被害者ともなった。この批判運動では人々は第三者の立場にのがれることはできなかった。こうして密告と相互監視の体制が位階制下の人民支配網として確立されていった。

スターリンの収容所列島もすさまじかったが、毛沢東の人民を相互に監視させる支配体制はより高度であったともいえよう。若者は延安に希望を抱いてやって来たがそこで見たのは協同社会への明るい展望ではなかった。

もう一つ。延安整風は政敵・トロツキズムの党内浸透に注意を払った。毛沢東がスターリン主義者であることに変わりはなかった。王実味は北京大学から延安へとやってきたが、延安にある党位階制と官僚主義を痛烈に批判していた。共産党員はすべて平等などというのは延安の実際とは異なっていた。彼の書いた『野ばら』はその内実を告発していた。王実味は康生によって粛清された。

「延安整風」運動は毛沢東による党内支配体制の確立であった。それはスターリン支配体制の東方版といえるものだったが、より整備された体制でもあった。毛沢東が承認しない党決議はすべて無効という有名な秘密決議がなされたのも、また劉少奇提案によって「毛沢東思想」が承認されたのも、「延安整風」とこれをうけた第七回党大会であった。

第七回党大会（一九四五年）は中国共産党の新しい旅立ちの年であった。日本帝国主義は「焼きつくし、奪いつくし、殺しつくす」三光作戦のあげくもはや風前の灯であった。中国人民の抗日戦争は勝利をかちとりつつあった。毛沢東は「連合政府」論をもって新しい時代に対応しようとしていた。スターリンは、コミンテルンをさんざんに利用したあげく、一九四三年にはコミンテルンを解散した。

第十二章　日本帝国主義の敗北と国内革命戦争の再開（一九四五年八月〜四九年一〇月）

1　東方における反帝闘争の偉大な勝利

一九四五年八月一五日、日本帝国主義が敗北した。中国侵略から約一五年間におよぶ侵略戦争のあげく、ついに敗れ去ったのであった。日本帝国主義の敗北は、中国をとりまく状況に甚大な変化をもたらした。局面は大きく変わった。

抗日統一戦線の時期は終わった。蒋介石軍と中国共産党は再び内戦に突入した。国内革命戦争は四年余りに及んだが、この戦争で共産党軍は蒋介石国民党政府軍を徹底的に粉砕した。中国人民は永年らいの帝国主義の支配から脱し、また蒋介石反動政府の支配をも覆したのであった。

これは東方における反帝闘争の偉大な勝利を意味した。永年らい帝国主義と国内反動派の支配下で辛吟してきた中国人民は、ついに帝国主義と国内反動派の支配を覆がえしたのであった。

2　国内革命戦争勝利の要因

中国革命勝利の要因はどこにあったのか。

それはまず第一に、中国共産党が中国革命の特徴である武力革命の原則をしっかりとにぎり、けっして手放さなかったことである。これは毛沢東の功績であった。中国トロツキストは陳独秀をのぞいてこの根本問題で戦わずして敗北していた。これは革命者にとっての重大な教訓である。

第二に、抗日統一戦線に際し、スターリンの右翼投降主義路線に抵抗し、独立自主の路線を守り抜いたことである。

第三に、抗日統一戦線のなかで革命の力を蓄え、広大な中国農民を味方に引き入れ、革命運動の指導権を次第に握っていったことである。

第四に、蒋介石軍の極端なまでの腐敗・堕落の進行である。この腐敗は人々の予想をはるかに超えるものであった。アメリカやソ連の援助はドブにカネを貢ぐかの態となり、蒋介石軍との亀裂も拡大した。

第五に、日本帝国主義の敗北に際し、中国共産党はいちはやくその解体に着手し、蒋介石軍に先んじたことである。これにより中国共産党軍は日本帝国主義の軍事力を手にいれ、蒋介石軍との闘争を有利に進めることができるようになった。

これらの要因を総合して中国共産党は、都市プロレタリアートの不在という条件にもかかわらず、中国革命の主力軍である広大な農民層を率いて蒋介石軍をうち破り、全国を制覇したのであった。

3　スターリン主義党による政権の奪取――ヨーロッパ諸国共産党との相違点

スターリン主義者の党が政権奪取に成功した。ヨーロッパでは起こり得なかったことが東方で起こった。これはどうしたことか。同じくスターリン主義の党でありながらも、ヨーロッパの共産党と東方の党のあいだには大きな相違があった。

ヨーロッパの共産党は、フランス共産党に代表されるように、レジスタンスによる人民の武装勢力を保持していたにもかかわらず、政権奪取には向かわなかった。かれらはスターリンの日和見主義路線に従い、権力奪取の機をみすみす逃したのであった。スターリンは「人民戦線」をかくれみのに、中国第二次革命時の背信行為を再び演じたのであった。

中国共産党は最終的にスターリンの右翼投降路線を排し、武装闘争を堅持して政権奪取へと向かった。これは大きな違いであった。

民衆に依拠して支配権力に対抗すれば、スターリン主義党といえども政権を奪取することはできる。中国革命はこのことを立証した。

確かに中国革命は都市プロレタリアートの参加を欠いていた。都市プロレタリアート不在の革命など通例考えられない。しかし、中国革命の主力軍は人口の大多数を占める農民であった。その農民をだれがひきつけ獲得するかは、中国革命の重要問題であった。中国共産党は巨大な農民軍を率いて中国革命の勝利をかちとったのであった。

これは中国トロツキストが忘れたか、しっかりつかんでいなかった革命の重要問題だった。

スターリン主義者でも政権獲得はできる。中国共産党はこのことを実証した。ところで、政権獲得以後の社会主義への道はまた別の事柄である。社会主義への道は、前人未踏の道であり、プロレタリア民衆に依拠してプロレタリア民主主義の道をすすむか、マルクスの科学的な社会主義の道をすすむかが大きな分水嶺となる。

スターリン主義者はそのいずれも欠いていた。かれらのめざした社会主義とは、マルクスのいうアソシエーション（協同社会）とはまったく別物であった。

ソ連邦でも中国でもスターリン主義者は「社会主義」をかかげて人民を欺瞞したが、かれらがもたらした「社会主義」とはマルクスのいう民主主義的で科学的な社会主義とは全くの別物であった。

毛沢東政権はどのような路線・政策をかかげたか。そしてその実践の結果はどうであったか。これは、次章の課題である。

第四部

社会主義への過渡期における中国共産党の路線・政策

一九四九年十月に新政権を樹立した中国共産党は、ここからいよいよ社会主義への過渡期をむかえ、社会主義の実現をめざすこととなる。

以下は、一九八九年の天安門事件までの中国・スターリン主義者の社会主義への挑戦記録である。

第十三章　「胡風反革命集団」事件から「大躍進・人民公社」の時期まで（一九四九年十月〜六二年）

1　「胡風反革命集団」事件——中国における文学・芸術運動への弾圧と毛沢東「文芸講話」路線

胡風反革命集団（以下、胡風事件と略記）事件とは、新中国の文学、芸術史上にあらわれた最初の冤罪事件である。胡風らは、中国で政治運動が引き起こされる度ごとに引き合いに出され、「反革命」の代表人物として扱われた。しかし、誰ひとり胡風らが「反革命」だという確証は持っていなかったという不思議な事件である。しかも、それは一九七八年——毛沢東の死後まで続いた。

①　民衆は新政権に何を望んだか

民衆の敵・蒋介石政権が倒された。中国人民は歓呼してこれを迎えた。新しい光明の時代がようやく訪れたと思ったのである。

文芸政策上で民衆が新政権に望んだものは、何だっただろうか。それはまず、言論・出版・集会・結社の自由などの民主的権利であっただろう。民主的権利の獲得なしにはなにもできない。すべてはそこから始まるのだ。文学者たちには、まず自由にモノが言え、自由にモノが書けることが必要だった。蒋政権下で弾圧に抗しながら文芸誌の刊行を続けてきた胡風らにとっては、この民主的権利の獲得は何物にも換えがたいものだった。

胡風ら民間の文学者は、新政権になってもまだ新しい仕事にもありつけず、かと言って新しい文芸誌を発行することにはちゅうちょがあった。新しい文芸協会の設立が準備されつつあったが、そのための準備的話し合いは周揚ら延安の文芸指導者らのもとで進んでいた。宙ぶらりんの状態が続いていた。このような状態は胡風らの不安を増幅させていたが、しかし、新時代の到来への大きな期待がそれらをふき飛ばしてくれた。

② 文芸整風と『文芸講話』

新政権は、共産党の根拠地・延安の延長線上に出来た政権と云ってもよかった。蔣介石軍の腐敗ははなはだしく、政権の崩壊は急速にすすんだ。共産党はその軍事的勝利に合わせて、地方政権を急ごしらえしなければならなかった。

延安出身の文芸官僚が当然のごとく新政権の文芸指導者となった。解放前の一九三〇年代、魯迅と交流のあった周揚は、延安へ行って文芸指導者となり、新政権の成立とともに文芸指導者として現れたのだった。周揚と胡風。この二人の間にはいまでは越え難い地位と身分上の差異が生じていた。

新政権の文芸官僚が打ち出した新時代の文芸政策は、毛沢東の『延安における文学・芸術に関する講話』(以下、『文芸講話』と略記)の学習であり、それに基づく文芸上の整風運動であった。全国の文学、芸術関係者は、先づ『文芸講話』に学び、労働者、農民に奉仕できるよう自己の小ブルジョア思想を改造しなければならないのだった。

新時代の要請と延安官僚の思想との間には大きなギャップがあった。

文芸関係者の多くが新政権の新しい文芸部門に取立てられていた。これらの人びとが率先して『文芸講話』による自己の世界観の改造について語った。

胡風らは別に『文芸講話』に反対しているわけではなかった。ただそれを金科玉条としたり、絶対視することはいかがなものかと考えていたにすぎない。『文芸講話』が対象としていた世界とは、文化の乏しい辺境の農村地帯であり、そこへ「雪中に炭をおくる」ことの重要性を説いていた。しかし、いまや時代は大きく転換した。この時代に応える文芸こそが求められていた。

整風運動は胡風らをあたかも囲いこみ、追いこむように進んでいった。胡風と周揚との間には、一九三〇年代の文芸スローガンをめぐる対立があった。

③　一九三〇年代の文芸論争

胡風は一九〇二年に生まれた。青年時代に五・四運動の「民主と科学」の洗礼を受けた世代である。北京大学では同窓に王実味（延安整風でトロツキストとして処刑される）、王凡西（『中国トロッキスト回想録』の著者、陳独秀の側近）らがいる。三人とも中国共産党に反旗をひるがえし、苦難の道を歩んだ。

胡風は、一九三一年に日本留学。慶應義塾大学に学ぶ。この時期、小林多喜二、秋田雨雀ら日本のプロレタリア文学者らと広く交流した。後に胡風事件について日本の文芸関係者から多く疑問符が出されたのは、胡風の活動が日本の文学関係者によく知られていたからである。さらに中国左翼作家連盟・東京支部の活動を行い、日本の中国侵略に反対した。一九三三年、反日活動を理由に日本の官憲に逮捕され、中国へ強制送還された。

上海では、左連の活動に従事。周揚を通じて魯迅を知る。毎月、内部雑誌「文芸生活」を魯迅に届け、左連活動費として二〇元を受取る。いらい魯迅との往来が頻繁となる。しかし、間もなく胡風は共産党がふりまく「国民党のスパイ」という風評に抗議して、左連から去ることになる。

この時期に起こったのが、周揚らの提唱した「国防文学」と胡風、魯迅らの提唱した「民族革命戦争における大衆大学」という二つのスローガンの対立である。「国防文学」は当時スターリン派の提唱するすべては抗日統一戦線を通じてという、第二次革命時に実証済みの右翼投降主義路線に通底していた。胡風は魯迅の支持を受けて、このような右翼的スローガンに反対した。

当時、共産党側の風評がいかにひどいものだったかは、次の徐懋庸の魯迅あて手紙にみることができる。

「目下のところ、わたしは、先生の半年来の言動が、無意識のうちに悪しき傾向を助長していると思います。胡風の嘘つきな性格、黄源のへつらった行動を、先生は細かく観察されず、いつまでたっても彼らに私物化されたまま、偶像のごとく民衆を幻惑しておられます。そのため彼らの野心から出た分離行動は収集がつかなくなりました。胡風たちの行動は明らかに私心から出たもので、極端なセクト的行動です。彼らの理論も前後相矛盾しており、誤りだらけです。たとえば『民族革命戦争の大衆文学』というスローガンにしても、最初は胡風が『国防文学』に対抗するために提唱したのですが、後には一つには総括的なもので、一つには付随的なものだと言い、さらにまた、一つには左翼文学が現段階まで発展したことを示すスローガンだと言うようになりました。この様にころころ変わっていますから、先生といえども彼らのために辻褄を合わせることはできません。彼らの言動に打撃を与えるのはたやすいことですが、先生が彼らの後ろ盾になっておられますし、先生を敬愛しないものなどおりません。それで実際の解決や文学上の闘争にきわめて困難を感じております。」（『囚われた文学者たち』—毛沢東と胡風事件—李輝（著）、岩波書店）

そこで魯迅は「徐懋庸に答え、あわせて抗日民族統一戦線の問題について」において、胡風の文章は彼が胡風に書くように依頼したこと、またスローガンの提唱は数人（茅盾も含めて）で相談したことを明らかにし、徐懋庸の手紙にあった胡風や、黄源、巴金への中傷に対しても、はっきりと自分の態度を表明した。その中の胡風に触れた部分で、魯迅は胡風と周揚を次のように比較している。

「おかげでわたしには、胡風は剛直で人の恨みを買いやすいが、近づいても良いことが分かった。逆に周起応（＊周揚）のような軽々しく人を陥れる青年には、懐疑というより憎悪の念を抱くようになった。もちろん周起応にも、ほかに彼なりの長所があるかもしれない。また今後はもうこのようなことはやめて、そのまま真の革命者になるかもしれない。同じく胡風にも欠点はある。神経質で細かいし、理論的なことにやや拘泥する傾向があり、文章も大衆的ではない。しかし彼は明らかに有為の青年であるし、抗日運動に反対するどんな運動に加わったこともなければ、統一戦線に反対したこともない。これは徐懋庸のような連中がどれだけ知恵を絞ったところで、隠蔽しようがない。」（李輝、前掲書）

さらに、共産党による風評被害は最晩年の病床にあった魯迅自身にも及んだ。永年、魯迅の作といわれてきた魯迅の『トロッキー派への手紙』の一件である。この手紙は、中国トロッキー派を「漢奸」であるかのごとく扱い、中国トロッキストの品性を永年痛く傷つけてきた。中国共産党は、魯迅の高名を利用し、この手紙を後盾に、永年にわたって中国トロッキストを攻撃してきた。しかし、魯迅の作品といわれてきたこの手紙は、じつは魯迅によるものでなく、共産党員、馮雪峰の作品であることが後に判明した。魯迅の口述を馮が筆記したものでもなく、馮が勝手に書いたものを勝手に公表し、その後病床の魯迅に読み聞かせたものであることが判明した。病床の魯迅はすでに判断力を失っていたから、どうすることもできなかったであろう。

魯迅はトロツキーの作品を翻訳までしており、おそらく『文学と革命』も読んでいたであろう。陳独秀との関係についても最後まで尊敬の念を失わなかった。その魯迅が、どうして根拠もなく中国トロツキストを「漢奸」と非難するはずがあろうか。永年らいこの疑問は人々の間で解けることはなかった。しかし、ようやくにして魯迅にかぶせられた汚名ははがされたのであった。胡風は生き延びて、魯迅「冤罪事件」の生き証人となることができた。詳しくは、長堀祐造著『魯迅とトロツキー——中国における「文学と革命」』（平凡社）参照。

一九三六年魯迅は逝去した。胡風の人生にとって魯迅との交友とその思想的影響は大きかった。魯迅の逝去とともに周揚は革命根拠地、延安へ、胡風は『七月』の刊行へと向かった。一九三〇年代の文学論争、二つのスローガンをめぐる対立、魯迅をめぐる共産党の思惑と動向。これらの様々な様相が、周揚と胡風の三〇年代における対立の背景にある。これらの確執は解放後にもち越された。もとに戻ろう。

④ **胡風の自己批判**

整風への的はせばまり、胡風の周辺から胡風へと向かった。『七月』の同人であった阿瀧は何の前触れもなく突然『人民日報』で作品を批判された。阿瀧は反批判を要求した。しかし、このような応答が無駄なことは最初から判っていた。無責任な評論家は入れ替り立ち替り「あれがたりない」「これが問題だ」とくり返せばよいのだった。胡風は、もし批判を受けたら胡風自身を踏み台にしてよいから災難からはやくのがれるよう、友人達に進言していた。そして胡風自身も『文芸講話』に基づく自己批判をした。しかし、それは無駄なことだった。

整風運動には一つの法則が貫かれていた。誰もがこの整風から逃れることはできなかった。人々は、ある時は被害者になり、またある時は加害者にとなった。この運動の外に出ることは許されなかった。「批判」と「自己批判」は参加者全体を疑心暗鬼にさせ、互いに傷つけ合い、相互不信をつのらせるのである。「批判」と「自己批判」を発令した者だけが批判運動から免れるのである。

巴金は、後に『随想録』の最後の一篇「胡風を思う」の中で、歴史にたいする自己の責任を問い、次のように述べている。

「当時のわれわれの文芸工作に誤りがなかったとでもいうのだろうか。『過ちは責任を取って当然だ』などと表立って肯定する者は現れなくても、わたしは井戸に落ちた手負いの人間めがけて石を投げこんだ。その自分としての責任は消えはしないだろう。歴史は人が勝手にこしらえることのできないものだ。沈黙を守っても真実が伝わっていくのは防げないし、わたしの身に不公平な汚水が降りかかっても何も影響は生じない。わたしは、あの『心にもない物言い』をしたことで、絶対に自分が許せないだけなのだ。」（李輝、前掲書）

⑤　張中暁の「文芸講話」批判

張中暁は胡風あてに次のような手紙を送っている。

「書いてみようと思って、毛沢東の『文芸問題を論ず』（一九四九年六月、上海・新華書店刊行。内容は毛沢東による延安の文芸座談会における演説、いわゆる『文芸講話』そのものであった）を読みました。でも、読んだ後書きたくなくなりました。これからぼくのこの本に対する意見を少しお話しします。

作家と対象は創作の過程においてせめぎ合います。わたしが思うにはそれが本物のリアリズムと偽物の分かれ道です。しかし、彼はただ『観察し、体験し、研究し、分析する』と言うだけです。なんと冷静なことでしょう。

『功利主義』云々について。このような基準は真の批評や新しいものを押し殺してしまいます。『暴露』と『賛美』についての三つの段は間違っています。これはまったく形式的な理解であり機械的な見方です。わたしは『暴露』とか『賛美』（その意味するところは『暴露』の反対でしょう）というような言い方は嫌いです。わたしは、苦しみ、喜び、追求、それに夢と書き換えるべきだと思うし、リアリズムはこのような低級で下劣な言い方を追放すべきだと思います。

魯迅の雑文についての一段は、完全な間違いです。雑文とは、現実にある人生の要求の随所から新しい思想を掘り起こす鋭い鋤です。それをたんに「暗黒の勢力の統治下で、言論の自由もなかったために、嘲笑と諷刺の雑文形式によって戦った」と見なすことだけが正しいというなら、根本的に魯迅を理解していないのです。

その他にも当然ながらたくさんあります。以上に述べたのは、わたしが特に重要だと思い、深刻にこれは間違いだと感じた点です。本全体に言えば、その本質は非リアリズム的です。

この本は、延安では有用だったかもしれません。でも現在では、わたしは通用しないと思います。今の状況から見て、これは生命の息吹を抹殺するでしょう。幇間たちがトーテムみたいに奉るのもむべなるかなです。

たとえば『観察し、体験し、研究し、分析して……』を喬木が引用しています。

もちろん中には一面の真実もあります。たとえば『作品には哲学の講義を書くわけではない』とか、貴兄が『リアリズムの路を論ず』の一〇ページに引用しているところです。でも、それはマルクス主義の常識だと思います。

わたしは、この本を「最も完璧」な文芸の方針だと思い込み、懇々と人に教訓を垂れる指導者たちが心の中でいったい何を思っているのかなど、ほんとうに考えたくもありません。」

張中暁の手紙にたいして、胡風は次のように書き送っている。

「『トーテム』にされている小冊子のことは、今いちばん頭の痛い問題です。問題は必ずしも冊子そのものとそれほど大きな関係があるわけではなくて、むしろ低能で悪辣な連中のますますことを悪化させるやり方にあるのです。たとえば、『観察し、体験し、研究し、分析する』という言い方は、少しでも良心のある者なら『体験』に引きつけて問題を立て、発展させていくべきです。しかし彼らのやり方はその正反対なのです。こうしてでたらめな下っ端役人流の機械主義がまかり通り、力をかさにきて、リアリズムの息吹を押し殺してしまいました。とりわけ若い無名の作家にとってはそうです。事態はことをいっそうこじらせています。例の『批評家』たちはいずれも権力者なので、ほかの者は何も言わず、戦々恐々として、なんであれ現実から発せられる要求をみんな我慢してしまうのです。こうなると、枯れてしまわないはずがありません。

わたしの考えでは、これのために書くのをやめることはありません。もちろん、字面では逆らってはいけません。わたしが『路』（＊『リアリズムの路を論ず』）でやったように、できるところは合わせることが必要です。しかし当然のことですが、作品を書く時には、なおさらあれ（＊『文芸講話』）を気にすることはありません。今のところ彼らの雑誌に掲載するのは難しいでしょうが、仕事をやめてはいけません、わたしが思うにはそれがいちばん重要なことです。路としては、人民の深奥の要求から、そして強盗とペテン師の群れの中から、重荷を背負い恥を忍んで歩んでいく、それしか方法はないのです。」（李輝、前掲書）

張中暁と胡風の「文芸講話」批判は、的を射ていた。しかし、問題なのはどうしてこのような批判が「反革命」とされるのかということであった。

⑥ 三〇万字の意見書

万策つきた胡風はついに党中央あてに意見書を上げることを決意した。この間の論争の経過と内容についての自らの見解を述べたのである。意見書には、毛沢東ら党中央ならば自分の意見を理解してくれるだろうとの善意の願望がこめられていた。

しかし、この願望は裏切られた。胡風らは、この間の文芸論争にも毛沢東が関心をもち、とりわけ叙蕪による同人同士の文通の中味に異常な関心を示し、『人民日報』に注釈文まで書いていたなどとは露知らなかった。

また文学と政治との関係についても、胡風らが「文学は政治に従属する」というスターリン主義流の把え方に反対していることは、明らかであった。

一九五五年五月五日、胡風をはじめとする文学者たちが全国いっせいに「反革命」集団として逮捕された。誰もが自分を反革命などとは思っていない在野の文学者たちである。二〇〇〇名を越える人々が嫌疑を受けたと言われるが、『七月』『希望』の同人たちは実際には四〇～五〇名くらいのものだった。

党中央への意見書を上げたのは、おそらく胡風が最初だろう。その後少なくない数の人々が中央への意見書を上げたが、返ってきたのはほとんどが監獄か辺境行きの切符であった。

⑦　文学者たちの述懐

胡風の仲間たちは自殺したり様々な境遇に出会いながらも、生きながらえた者たちはほとんど健在だった。節を曲げた者などいなかった。胡風は精神障害を患ったりしながらも、しぶとく生き残った。残った者たちがどのような感慨を持ったか。かれらの述懐を聞こう。

『中報』は「胡風について」という一文を掲載した。

「胡風が亡くなった。天にある魯迅の魂は、それを知って最も悲しむ魂の一つに違いない。胡風が亡くなった。彼は中国現代知識人の受難史の中でも、最も悲劇の色の濃い人物だ。胡風の一生は欠点でいっぱいだった。自信過剰で、独善的で、おまけに神経過敏や疑心暗鬼のきらいまであった。しかし、同時に彼は中国の現代文化人の中で、最も強靱で勇敢な一人だった。真理を見きわめ、それを死ぬまで貫き通すことのできた知識人が、いったいどれくらいいるだろう。三十年ものあいだたった一人で監禁に耐えつづけ――しかもその間にしばしばまもなく死刑だというニュースが伝えられた――それでも信念を変えなかった人間がどれくらいいるだろう。わたしは、胡風のほかに名を挙げるのは難しいと思う。

……

中国の現代史上、勇気を持って本当のことを口にし、命をかけて抵抗した知識人は多くない。将来、大陸に知識人の記念碑を建てることになれば、どうしても胡風の名が欠かせないと、わたしは確信する。」

徐放が言った。

「胡風集団事件の経過はよく考えてみる価値がある。以前われわれはずっと党に対して忠実であったし、崇拝もしていた。現在の人たちには分からないことかもしれない。しかし、当時のわれわれの思考の構造こそ時代遅れのものだったのだ。獄中でも、抽象的な党というものに対して、常に無限の信頼をおき、人を苦しめているのはセクトだと考えていた。本当の意味で再検討が始まったのは、党の十一期三中全会以降のことだ。迫害をこうむった者も含めて、われわれ一人ひとりが真剣に再検討してみるべきだ。われわれ自身に左傾したところはないか、奴隷根性はないか。中国では、われわれのような人間が、他の多くの人とともに、愚かさと奴隷根性の基盤を作ってきたのだ。」

謝韜が言った。

「わたしが毛沢東に対する崇拝から抜け出るのは、とてもつらい道のりだった。ずっと毛沢東はことの真相が分かれば必ず改めてくれると信じていた。だが実際には、彼が自分のしたことを、たとえそれが間違いだったとしても、修正しようと考えることなどありえなかったのだ。われわれのこうした宗教信者のような敬虔さは、歴史的に形成されたものだ。われわれはいつも党と人民のために少しでも貢献することばかり考えて、他のことを考えたためしがない」

文革終了後、周揚が胡風を見舞った。周揚は、プロ文革で文芸界の黒幕として批判され、胡風同様獄舎につながれた。文芸界で批判にさらされなかった者はほとんどいなかった。どうして一方では文学・芸術の必要を口にしながら、他方で、文芸者たちを、知識人たちを抑圧するのか。中国の文学、芸術運動がたどったその後の世界は、さらに厳しいものだった。文学・芸術は「政治に従属」し、その俗悪な政治の道具とされた。胡風事件はそのはしりであった。

2　フルシチョフの「スターリン批判」とその影響、第八回党大会

一九五六年から五七年にかけて中国革命は大きな転換点を迎える。

一九五六年二月、ソ連共産党第二十回党大会において、書記長フルシチョフは有名な「スターリン批判」の秘密報告をおこなった。ソ連邦ではスターリンの大粛清への冤罪を求める声は大きく、ブハーリンの妻は夫の冤罪を訴え続けていた。「スターリン批判」の影響はまたたく間に周辺諸国に拡がった。東欧諸国では民衆が民主主義を要求して起ち上がった。六月、ポーランド・ポズナニでの暴動に続いて、十月にはハンガリーで政権打倒の民衆暴動が起った。

「スターリン批判」は中国共産党にも大きな影響を及ぼした。同年六月に中国共産党は第八回党大会を開催した。劉少奇の政治報告では、スターリン主義の指標にもとづいて、集団所有制への移行をもって社会主義への移行完了とする宣言をしたが、他方で次のようにも指摘した。

「社会主義改造はすでに決定的な勝利を収め、プロレタリアートとブルジョアジーとの矛盾はすでに基本的に解決され、数千年らいの階級搾取制度の歴史は基本的に終り」「国内の主要な矛盾は先進的な工業国を樹立したいという人民の要求と、おくれた農業国であるという現実のあいだの矛盾であり、経済と文化を急速に発達させたいという人民の要求と、当面、経済と文化が人民の要求をみたしえないということとの矛盾である。」

さらに、党規約改正に関する報告のなかで、鄧小平は「労働者階級の政党の領袖は、大衆の上にあるのではなくて、大衆の中にあり、党の上にあるのではなく、党のなかにある」と述べた。これは、中国で進行しつつあった毛沢東個人崇拝への警鐘を鳴らすものであった。

毛沢東の「スターリン批判」への対応は次第に明確になってくる。まず国際的には、スターリン評価（成果七分、欠陥三分）にもとづいてポーランド、ハンガリーの民衆暴動を激しく非難し、二度の論文——「プロレタリア独裁の歴史的教訓」とその続き——によって中国共産党がスターリン主義を堅持することを表明した。毛沢東の思惑には国際共産主義運動における主導権への願望があきらかにみられる。それは後の中ソ論争へとつながっていく。

国内的には、劉少奇、鄧小平らとの間に微妙な差異があらわれていた。毛沢東も第八回党大会の政治報告を承認しているかにみえたが、しかし、その後「階級闘争」路線を次第に鮮明にしていく。

一九五七年からの「百花斉放・百家争鳴」と反右派闘争への転換は、中国革命の注目すべき転換点となる。中国共産党の先進分子たちが中国共産党の動向に大きな疑問を持ちはじめる。それは、毛沢東による全国書記体制の掌握と中国版「ノーメンクラトーラ」(官僚特権階級)の形成と軌を一にしていた。

一九五七年に毛沢東が発表した「人民内部の矛盾を正しく解決する問題について」は、スターリンの誤りは、人民内部の矛盾を敵対矛盾にしたことにあるとした。しかし、論文は誰が矛盾の性質を判定するのかは明確にしなかった。この論文の核心は、矛盾の性質を決定するのは毛沢東の中国共産党にあるとしたことである。

中国は法治の国ではなく、人治の国であり、毛沢東の言うことが法律である。『人民内部の矛盾を正しく解決する問題について』は、その実、人治主義を実行する宣言書でもあった。反右派闘争では五五万人を越える先進分子が「反革命・右派分子」とされたのであった。

3 「百花斉放・百家争鳴」(双百)と反右派闘争

① 「百花斉放・百家争鳴」の提唱

毛沢東の「双百」の提唱がなされたのは、フルシチョフの「スターリン批判」後の四月だった。「双百」が胡風の口から発せられたのなら何の不思議もなかったが、毛沢東の口から発せられたことが人々を驚かせた。

思ったことは何でも言い、言ったからといってとがめられることはないという。急にそう言われても、軽々に口にする者はいなかった。ついこのあいだまで、胡風ら文学者を「反革命」として糾弾する運動を全国で展開したばかりだった。

毛沢東は、翌年の五七年の杭州会議で次のように語った。

「党と知識人の関係は変えるべきだ……党と非党員との間には非常に深い溝がある……民主諸党派なしでやっていけるだろうか？ソ連には彼らが存在せず、反対意見に目を傾けなかった……民主的な人々を打倒するなら、彼らは我々に反対するために起き上がるだろう。開かれた精神をもって彼らから学ぶことが全く必要だ……百花斉放・百家争鳴は知識人を獲得するための一つの政策なのだ……知識人に近づこうとしなかったのは、共産党の欠陥である。」

党中央委員会は、五七年四月二六日、「整風運動に関する指示」を出し、党員だけでなく非党員も「双百」と党の整風運動に協力するよう要請した。陸定一は、党を代表して、誰も何を発言しようとそれによって罰せられることはないと保証した。

五六年からの約一年あまり人々は口を開かなかった。しかし、ひとたび口火が切られるやそれは烈火のごとく燃え拡がった。

②「共産党天下」批判

「共産党天下」にたいする批判が巷にうず巻いていた。新政権は連合政権として始まったのではなかったのか。それがこの数年で民主党派はつけたしの飾り物同然に扱われ、「党天下」現象がまかり通っている。まるで党人でなければ人ではないみたいだ。これは公約違反ではないか。

なぜこうなったのか。なぜ民主的に協議しながらことを進めようとせず、独断専行するのか。民主党派からの批判には道理があった。

北京大学をはじめ大学では数百におよぶ結社や出版物が次々にあらわれ、活発な議論がなされた。学生たちは五・四運動を忘れておらず、「社会主義時代の五・四運動」として民主の旗を高く掲げた。その発端となった北京大学の「民主の壁」には、大字報の巻頭に次の詩が掲げられていた。

「時は来た。／若者よ／声をあげよ！／我らの苦痛を／愛を／一斉に書き出せ！／不平に、／憤慨に、／憂いに目をそむけるな。／酸いも甘いも苦いも辛いも／全て吐き出して／光明を見よ。／批判と叱責が／雷雨のごとく降り注いだとしても、／芽生えつつある草木は／日の光に晒されることを恐れないではないか！／私の詩は／炎となり／全てを焼き尽くし／この世のあらゆる防護壁は、／その炎光を遮ることなどできない、／なぜならこの炎は／「五四」から続くものなのだから！！

時は来た。／今日こそ／声をあげよ！／昨日までできなかった／重苦しい旋律が響いただけであった。／たおやかな調子で／風と花を歌っていただけであった！／今日、我らが歌わんとする唄は、／巨大な鞭となり、／陽光に隠れてうごめく全ての暗黒を叩き出すだろう！／どうしてだ、人は答える、ここには人のぬくもりなどないではないか？／どうしてだ、人は答える、壁が我々を断絶させているではないか？／どうしてだ、我々は率直に語りあっていなかったのでは？／どうして……?／憤怒の涙をため、／私たちに呼びかける。／真理を歌う兄弟たちよ／たいまつを掲げよう／陽光にうごめく全ての暗黒を葬るために!」

次にみるのは、当時北京大学の学生だった銭理群の体験記である(『毛沢東と中国』銭理群著、青土社)。

「ここで一九五七年の民主化運動における最も注目された重大事件について話そう。

一九五七年五月二三日、この時期は北京大学がかなり沸き立っており、いつも至るところで弁論大会が開かれていた。五月二三日の弁論大会は、学部の人間が論じているということで特殊な大会であった。この人物とは著名な林希翎であった。彼女の本名は程海果といい、中国人民大学法律学科の四年生であった。大陸では彼女は五一九民主化運動の代表的人物とみられているし、『右派』の代表であり象徴としてもみられている。五月二三日、彼女は北京大学で講演をおこなった。私はここで講演の内容とその反響を、現場にいたものとして、語りたいと思う。」

「彼女はまず胡風事件から話しはじめた。『どうして党中央へ意見を出すことが反革命なのだろうか?これはスターリン主義のやり方だ』。続けて彼女は『個人崇拝は社会主義制度の産物である』とはっきりとチトーの見解に同意することを明らかにしたが、これは当時においては過激すぎる見解であった。彼女は『我々の現在の社会主義は真の社会主義ではない。いってみればありえない社会主義である。真の社会主義とは民主的でなければならない。しかし我々は民主的ではない。この社会は封建主義を基盤とした社会主義という、全くいびつな社会主義である。我々は真の社会主義のために戦わねばならない！』

続けて彼女は整風運動について、『現在の共産党の官僚主義、主観主義、セクト主義はひどすぎる。我々は共産党が整風のやり方を用いて、改良主義の方法を採用し、人民に譲歩すれば十分だと誤解してはならない』と語り、『北京大学だけでなく、南京大学、武漢大学、西北大学といった各地の大学が連合して、ハンガリー人民の血を無駄にすべきではない』『我々青年たちは何をするために脳を鍛えているのだ、まさか他人にリードしてもらおうというのか？我々が声をあげねばならないのだ！』と高らかに宣言した。彼女がこうぶちあげると、会場全体が騒ぎ出し、ある者は拍手を、ある者は歓声を、ある者は壇上に上がり彼女の話を阻止しようとしたり降壇させようとしたりで大混乱となった。そして彼女は『私は怖くない、みんなが嫌がるのなら、私は立ち去ろう。来た以上は、危険は承知だ、牢屋に入ったって構わない！』と大声で叫んだ。会場はますます混乱し、聴衆は二つに分かれ、論争し、はては喧嘩にすらなった。彼女は最後に『真の社会主義をつくりあげ、どの個人も真の人間として生きるのだ！』と語った。これが彼女の演説の核心部分である。『真の社会主義』が一九五七年の中国の大学の民主化運動の綱領となっていたのである。

その夜は、全ての北京大学生が眠れなかったと信じている。私は当時、中文系のジャーナリズム専攻の二年生であった。私が住んでいた宿舎は、どこもかしこも一晩中やかましかった。強烈な印象として残っているのは、ある学生が大声で『中国でハンガリー動乱があれば、俺は街頭に出るぞ！』と叫んだ。

胡風問題についても彼女は次のように言及した。

『胡風は反革命なのか。この問題はまだ断定できないし、今そういう結論を出すのは時期尚早である。胡風集団が反革命だという証拠になった材料は、すべてひじょうに根拠薄弱のでたらめなものだ。わたしもかつて胡風を批判する文章を書いたが、今思うと本当に幼稚で恥ずかしい。胡風が反革命なら、なぜ自分の綱領を党中央に提出したのか。これは自分の首を絞めるだけではないか。彼の綱領が正しいかどうかは別として、強圧的な手段を取るのはよくない。党中央に意見を出しただけでどうして反革命なのか。それこそスターリン主義的なやりかたであり、セクト主義である。胡風が当時批判したセクト主義は、実際には、今日明るみに出された生活実態の一パーセントにも及ばないものだ。

胡風の意見書は基本的に正しい。彼の同人雑誌をやろうという提案も、今から見ればひじょうに正しいし、通俗社会学を批判し、機械論的統制を打倒しようとしたのも正しい。というのも現在の文芸創作における公式化、概念化がひどいからだ。……党がいま提起している「百花斉放・百家争鳴」は胡風が提案したことと基本的に一致している。胡風は毛主席の「延安の文芸座談会における講話」に反対した。毛主席は文芸は労働者、農民、兵士に奉仕しなければならないと言ったが、この講話は抗日戦争中になされたものだ。現在では状況が変わり、知識分子も労働者、農民、兵士になって、適当ではなくなっている。それに毛主席の言葉も金科玉条ではないのだから、反対してはいけない理由はない。胡風は社会主義リアリズムについて異なる考えを持っていたが、今や百家争鳴で、同様に多くの人が異なる考えを持っているのではないだろうか。……胡風はセクト主義に反対したが、党内にはセクト主義がある。胡風は文芸界のボス周揚、何其芳に逆らったからこそ、やられたのだ。―中略―

けっきょく三つの材料から見るかぎり、胡風は反革命だとは言えない。もし、胡風の問題が、スターリンの問題が暴露された後、あるいはポーランドやハンガリーの事件が起こり、整風が提起されている現在に発生していたら、あんなふうに処理されはしなかっただろう。当時は乱暴すぎたのだ。胡風の綱領が今提出されても、彼は反革命だとは言われないだろう。もし、魯迅が提出したなら、なおさら反革命ではないだろう。

彼らが手紙のやりとりを秘密にしていたというが、個人的なやりとりで秘密でないものがどこにあるだろう。彼らの個人的交友をセクトだというが、それでは人間どうし本当のことが言えなくなる。共産党には親子の情もないと言う者がいるのも当然だ。法律に照らせば、政権の転覆を企ててはじめて反革命と言えるのであって、胡風がそうでないことは明らかだ。」

③　共産党内からの批判の噴出

共産党内の多くの知識人は、「双百」の提唱を歓迎した。この数年らい、党の位階制と書記の専制が急速に進み、党の独断専行を何とも思わない風潮が顕著になってきたからである。かれらは、民主党派や非党員から出された道理ある意見に耳を傾けるべきだとして、自らも積極的に提言した。

これまで、共産党員に提言の機会はなかった。党内にも意見は鬱積していたのである。かれらは意見の発露を見出したのであった。共産党内で「双百」に起ち上がった人々は、党内の先進分子だった。かれらは民衆とともに歩み、そのためならどのような犠牲もいとわない人々であった。当時の共産党内には、まだこのような人々が少なからずいた。

④ 二三日間の「双百」

ごうごうたる「党天下」批判は、二三日間しか続かなかった。毛沢東が自ら公約を破り、「双百」の禁止を決定したからである。公約違反は政権党の権威失墜につながるとはいえ、いまはそんなことを言っている余裕はなかった。

毛沢東はこれまで政権党への巷の意見を秘書たちを通じて集めていた。しかし、この時はもはや聞く耳をもたなかったと当時の秘書のひとりは語っている。中国ではハンガリー事件は起こらないと当初の毛沢東は思っていたのではなかろうか。ところが予想外のことが起った。かれらは民衆の怒りの沸騰に驚愕し、今度は大あわてに反右派闘争へとカジを切ったのだった。

「双百」が続いたのは実際には二三日間だった。しかし、それが中国社会に及ぼした影響はまことに大きかった。それは、中国革命史における一つの転換点を意味していた。解放後、次第に成長をとげてきた中国版「ノーメンクラトーラ」の形成、毛沢東がはりめぐらした全国的な書記専制体制、この基盤上に立つ毛沢東の専制。これら専制的体制に対する最初の民衆の反撃であった。

五月一五日、毛沢東は「事態は変化しつつある」を書き、次のように述べている。「現在、右派の進攻はまだ頂点に達していないが、彼らは有頂天になっている。党内外の右派はみな『物極まれば必ず反転する』という弁証法を知らない。われわれはなおしばらくのあいだ彼らを熱狂させておき、頂点まで行かせることにしよう。彼らが熱狂すればするほどわれわれは有利になる。人々は、釣り上げにご用心とか、敵を深く誘いこみ、まとめて殲滅するのだとか言っている。もうすでにたくさんの魚が自分から水面まで浮かんできているが、まだ釣り上げてはならない。これは普通の魚ではない。おおむねフカのたぐいだろう。鋭い歯を持ち、人を喰うのが好きときている。」

党内指示「力を結集して右派分子の狂暴な攻撃に反撃せよ」では、次のように指示した。「要するに、これは一つの大戦（戦場は党内にも党外にもある）なのだ。勝利せねば社会主義は成就できないうえ、『ハンガリー事件』をもたらした危機をなにがしかはらんだことになる。現在われわれはみずから整風をすすめ、起こりうる『ハンガリー事件』を自分の手で取り出して、各機関、各学校で分担して実習と処理を行い、多くの小『ハンガリー』に分割している。しかも党と政府には基本的に混乱はない。混乱をしているのはごく一部にすぎず（この混乱は好都合で、たまった膿を搾り出せた）利益はきわめて大きい」

⑤ 右派分子の悲劇

「双百」で政権党批判を行った者は、新たな階級異分子として「黒五類」の中に入れられることとなった。新しい社会的悲劇が創り出された。

右派分子にされると、災難は家族全体に及んだ。当人は監獄か辺境の労働改造所へ送られたが、家族には身分証明書に「黒五類」の烙印が押された。この災難をのがれるために、離婚や一家離散などの悲劇があちこちで起った。

「双百」で犠牲になった右派分子は五五万人と言われている。正確なところは分からない。後の文革期に、一部紅衛兵が公安警察を襲撃した理由の一つは、「黒五類」の身分証明書を奪うためであった。毛沢東は党員の五％は右派分子だと言った。五五万人もの共産党員が右派分子として処分された。これは異常な出来事であった。

⑥ 林昭の魂

林昭は「双百」の時期に現れた伝説的人物である。彼女は、共産党の変質を最初に感じとったひとりだった。

「あの凄惨な一九五七年を思い出すたびに、私は胸に激痛が走り、おもわず震えだしてしまう！」

この年は、中国知識界と青年たちとの血と涙で染まった凄惨な、うら悲しい年である。これより前には、暴政のもとにある中国知識界も多かれ少なかれ正しい気風が発揮されたと言えたとして、これ以降、確かにことごとく破壊されてしまった。林昭が政治思想の面で共産党と決裂したのはまさにその時からだった。

『偉大、正確、英明』といった類のみなさんたち、梁山はあなたたちに追いつめられた。この青年は善良な希望を抱いてあなたたちと接していた。最後の最後までほんのすこしでもいいから、あなたたちの賢明さが出てくるのを待っていたのだ。しかし完全に絶望した後では、私は毅然と反抗の道を選ばざるをえない！

みなさん、林昭はすでに背負う準備はできているし、墓場まで背負っていくつもりだ。私は知っている。全く曖昧なところがなく知っている。反抗者が我々の制度において何を意味するのか、反抗の道を歩んだものが我々の制度のもとでどのような目に合うのかを。」（銭理群『毛沢東と中国』）

「双百」と反右派闘争が中国社会に及ぼした影響はきわめて大きかった。それは激震とも言えた。それは、革命勝利後、成長してきた労働者・人民を代行する共産党官僚特権階級の伸長ぶりを露呈していたし、その上に立つ毛沢東の個人独裁を人々に認識させる端初となった。ポーランドのポズナニ暴動とハンガリー事件は支配層にも、また民衆の側にも多大の影響を及ぼしたのであった。「双百」と反右派闘争は、次の「大躍進」「人民公社」運動へとつながる。

4　「大躍進」・「人民公社」運動の展開――毛沢東路線の絶頂期と運動の破綻

「大躍進」「人民公社」は、毛沢東と中国共産党の絶頂期の象徴ともいえる。毛沢東は、「百花斉放・百家争鳴」と反右派闘争から、今度は一気に「大躍進」・「人民公社」へとかけのぼった。しかし、そこで待っていたのは、大飢饉であった。絶頂期から奈落の底への転落である。どうしてこのような事態が起ったのか。その前兆は早くもそれ以前の「過渡期の総路線」の時期にあらわれていた。話を一九五三年からの「過渡期の総路線」の時期にもどしてみよう。

①「過渡期の総路線」

一九五三年に決定された「過渡期の総路線」は、三つの五ヶ年計画を経て、農業・手工業を集団所有に、工業・商業を人民所有制に改造しようというものだった。工業の面では多くソ連の援助に頼ったが、極端なまでの重工業偏重を特徴としていた。

私営企業の社会主義改造には中国的特色がみられた。私営企業の買取り方式である。『中国近現代史』(小島晋治、丸山松幸著、岩波新書)はその特徴を次のように記している。

「農業集団化と並行して、一九五六年には数百万人が手工業者を手工業生産合作社に組織し、私企業を公私合営会社企業に変えた。後者はその生産手段を適正な価格で評価し、もとの資本家に十年間、その五%の固定した配当を保証した。またみずから希望する資本家には、管理者、部門責任者、技師、相談役等の地位を与えて給与を支払うという、買取り方式で行われた。公私合営といっても、管理権は国家が掌握し、実質的には国有国営であった。一部の資本家は香港その他へ脱出したが、無償没収政策をとったソ連の場合とくらべれば比較的スムースに実現し、五六年の上半期までにほとんどすべての私企業（約七万）が資本家からの申請という形式で公私合営に変わり、百十一万人の旧資本家が配当を受けた（そのうち約八十万人はもとの企業の技師として、あるいは経営・管理部門で働きつづけた）。大部分の私営商人も公私合営ないし商業合作社に組織された。」

問題は農業の集団化である。地主・富農の土地解放によって自営農民となった中国農民は、解放の喜びを手にした。土地革命によって農業の生産力は上向きになった。しかし、農業の生産力発展にはどうしても工業による支援が必要だった。工業製品はまだ農業品よりも価格が高く、工業はまだ安い農機具や農業用資材によって農業の発展を支えることはできなかった。このような工業と農業の差異という状況下では、農業の集団化を急ぐ必要はなかった。

農業の集団化は、初めは農民の自発性を重視してゆるやかなテンポで進めることになっていた。農民が伝統的に行ってきた互助組から始まって、次に自然村落を基礎とする初級合作社に組織し、六七年頃までに高級合作社に発展させていく予定だった。

ところが、五五年夏から五六年にかけて異常とも思われる猛スピードで、しかも初級合作社をとびこえて高級合作社が組織されはじめた。農民の九六、三％が高級合作社に組み入れられるということとなった。この背景には、五五年七月末、毛沢東が『農業共同化の問題について』の中で、農民の積極性についていけない党内の『反盲進』分子を批判したことが影響していた。しかし、後でわかるように、これは農民の受動性の結果であり、農民の自発性に基づくものではなかった。

当初の計画より一〇年もはやく農業集団化が実現した。「過渡期の総路線」は一五年を要するどころか、わずか三年余で達成されたわけである。五六年の中共八全大会は、集団所有制への移行をもって社会主義への移行完了というスターリン主義の指標に従って、中国における過渡期の完了、社会主義の実現を宣言したのであった。

話を「大躍進」問題にもどすと、一九五六年の第八回党大会での農業集団化達成というのがそもそも異常だったが、今度は高級合作者からさらに高度な「人民公社」をめざすと云う。人民公社とは農村における「コミューン」の成立を意味し、生産手段の全人民所有制への移行を意味した。

②「大躍進」・「人民公社」運動の展開

一九五七年末、世界共産党会議が開かれた。毛沢東はこの会議に出席した。中ソ間の対立はもはや隠せなくなっていたが、毛沢東の国際共産主義運動への野望もひき続き強まっていた。この会議で毛沢東は「東風が西風を圧倒する」と語ったが、さらにフルシチョフにあおられて「一五年以内に工業生産の面でイギリスに追いつき追い越す」と宣言した。

帰国後、「大躍進」政策に拍車がかかった。毛沢東は、「反盲進」は農村の積極性に水をかけるものだとこれを批判し、鄧少奇、周恩来、陳雲らにも自己批判させた。全国の書記たちがこれに呼応し、一挙に「大躍進」・「人民公社」運動がはじまった。

「大躍進」・「人民公社」運動の発動は、党の全国書記体制の確立と連動していた。地方書記を通じて全国を支配するというスターリン主義的全国支配網の確立である。この支配体制下で、地方書記は毛沢東への無限の忠誠を誓うと同時に、地方における絶大な支配権を保証された。「大躍進」・「人民公社」運動は、全国書記体制の大動員であったが、しかし、それは欠陥アリの体制であった。全国の党書記たちは「上を向いて歩こう」式の出世主義者がほとんどであった。かれらは毛沢東が「大躍進」政策を発するや、ただちにこれに呼応して「食糧増産計画」なるものを提出した。現実の生産能力をとび越えた架空の「生産計画」である。毛沢東はこれを根拠にさらに現実離れした増産計画を提起した。

しかし、地方書記が提出した「増産計画」は、一年後にはかれらの肩にふりかかってきた。「増産計画」は実行を迫られた。全国の書記たちは、その責任を農民に転嫁したのであった。農民の食いぶちまで徴発し、数千万人もの農民がゴロゴロと路上で死ぬという惨状はこうして生れたのであった。古代の奴隷は最低限の食いぶちは保障されていた。奴隷が死ねば、奴隷主は元手を失うからである。しかし、ここでは農民は生きる最低限の保障さえ奪われたのであった。

「人民公社」の前段には、工業における「大躍進」の計画があった。鉄鋼生産の「大躍進」政策である。この運動に農村の労働力人口の大半が動員された。旧式の生産方法で生産された粗鋼はほとんど役に立たなかった。

農村の主要な働き手である男性がこの粗鋼生産に狩り出された。疲労こんぱいした農民の上に次には食糧生産の「大躍進」運動がのしかかってきたのであった。

「大躍進」「人民公社」運動の概要を、『中国近現代史』は、次のように記している。

「六、七月には水利建設の発展による灌漑面積の急増や、人力・物力を極度に集中することによって得られた試験田の深耕密植の成果を過信して、小麦や早稲の途方もない増産が報告された。反右派闘争と毛沢東の『反盲進論』批判以来強まった、控えめな評価を右派的保守主義として恐れる気風と、農村幹部の『上を向いて歩く』権威主義・出世主義とが相乗されて、彼らは競いあって誇大な増産数字を上達した。

五八年末には、中央の指導者ですら、前年度の一億九千五百五万トンの二倍―三倍に当たる四億―五億トンもの食糧が生産されたと信じた（毛の主張で三億七千五百万トンの数字が公表されたが、のちに約二億トン、前年の五百万トン増にすぎなかったと訂正された）。この膨大な虚偽の数字を基礎に、工業とくに重工業への人的・物的資源の集中投下が行われ、農村の労働力が大量に都市の工業にふりむけられた。他方で農民の自家消費分に大きくくいこむ食糧の買い付けが強行された。さらに合作社の規模や公有の程度では、今やこの農業生産力の『飛躍的大発展』に適応せず、早期に『共産主義』を実現するのにふさわしい組織が必要になったという主張が出現した。

このなかで七月、河南の一地方で、『人民公社』（公社はコミューンの訳語）が設立された。ここでは土地・農具は公社の共有として統一的集中的に使用し、社員は公社全体の収穫のなかから供給される公共食堂で、ただで食事ができるとされた。八月、毛は河南の新郷七里営人民公社を視察して、これを激賞し、全国に宣伝した。八月末、北戴河で開かれた中共政治局拡大会議は、農村の人民公社設立を推進する決議を行い、以後またたく間に全国に拡大し、十月末には全国が公社化した。

七四万余の合作社が合併して一万六千余の人民公社となり、全農民の九九％以上にあたる一億二千余万戸が否応なしに加入した。平均して二八、五の合作社が一公社となり、三つの郷に一公社、平均規模四千六百余戸であったが、所によっては一県一公社・二万戸以上という大規模なものもあった。公社の下に、一ないし数個の旧高級合作社を母胎とした生産大隊、その下にほぼ旧初級合作社から成る生産隊があった。公社はたんに経済上の組織ではなく、工業、商業、教育・文化、公安、軍事（民兵）、福祉事業その他の公共事業全般を管理運営する行政組織でもあり、社員代表大会は最末端の議会の機能をもっていた。」

「五八年十一月の中共八期六中全会で、毛は長期の計画立案に専念するため第一線を退くという理由で、次期の国家主席就任を辞退する意志を表明し、劉少奇がその後任として決められた（五九年四月の第二期全国人民代表大会第一回会議で就任）。だがここではまだ、『めしをくうのに金のいらぬ』供給制は『共産主義の要素』であるとして、公共食堂を『社会主義の陣地』として高く評価し（現実には必要な技術装備や労力、燃料の不備のため、不人気になっていた）、また五九年度の大躍進の指標として、鉄鋼千八百万トン、食糧五億二千万トンなどという非現実的な目標を設定した。さらに、五九年二月のある会議で、毛は今後二つの五ヶ年計画を経過すれば、完全な公社所有制に移行でき、さらに十五年ないし二十年以上経過すれば、共産主義の公社に発展できるだろう、というきわめて性急な、超楽観主義的展望を提示していた。」

「一九五九年、中国全土は異常な食糧難と日用消費品の不足に見舞われ、六一年末まで、建国後かつてない苦況がつづいた。五九年の食糧生産は一億七千万トンと、一気に五四年の水準まで下がり、六〇・六一年は一億四千万トン台、五一年の水準まで下った。この間人口は五一年より約一億人増加していた。こうして大躍進のなかでの過労と栄養不足のために、肝炎、浮腫の病人が増加し、生産力の低い農村では多数の餓死者が出た。一九八二年の中国の国勢調査に基づいてアメリカの専門家が分析した推定によると、食糧不足が最も深刻化した一九六〇年の死亡率は四%、大躍進開始前の二倍、八二年の〇、八%にくらべると五倍に達し、五八―六一年の死者数は千六百万―二千七百万人だろうという。」

当時、毛沢東自身と中国共産党がいかに小ブル的熱狂性に冒されていたかが理解されよう。

③「大躍進」から大飢饉へ

数字の背後には、農民の地獄絵があった。銭理群は『毛沢東と中国』のなかで、次のように伝えている。

「一九五八年一一月、雲南省委員会から、ある地方で身体がむくむ病気が発生していると報告があった。続いて、一九五八年二月から一〇月まで、ある地方でむくみの患者が三三万四千人に達し、死者が四万五千人出たと報告があった。主な原因は栄養不良、食料不足であった。毛沢東はすぐに『ある教訓』という文章を書き、『任務を過剰にして、大衆の負担能力を超えてはいけない』、『生産と生活は同時に取り組まねばならない』と指摘した。

一九五九年初めには、江蘇省句容県宝華公社の二つの大隊から、一九五八年四月から一一月まで一一四名の社員が非正常に死亡したという報告があった。続いて河南省の四つの専区で、一九五八年九月から一二月まで、栄養不良のため足にむくみが出た人が一五万人に達し、七五〇〇人近い死者が出たと報告があった。

一九五九年一月、山東省から、大量の農民が逃亡したというニュースが伝わった。いわゆる『館陶事件』である。一九五八年一〇月以来、河北省邯鄲に逃げたものだけでも一万三千人に達したという。同月、河南省から毛沢東・周恩来宛の大衆の投書が届き、鄭州以東で飢饉が発生していることが知らされた。『すべての村で死者が出ています。ある人は買い物に行って頭から地面に倒れて死に、ある人は畑で野菜を探して死にました。』

「三月にはまた山東省からニュースが来た。いわゆる『済寧事件』である。一つの県で食料庫襲撃事件が一三〇件も発生し、一万人が参加したという。四月には国務院に、山東省、江蘇省、河南省、河北省、安徽省の五省で二五一七万人が食べられないと報告があった。毛沢東はあわてて飛行機を飛ばし、報告を各省の第一書記に送り、彼らに即刻『緊急危機』に対処するよう要求した。さらに関連する資料に『一五省二五一七万人が食べられない大問題』と目の覚める題をつけて配布した。このとき一九五九年四月、『食事はタダ』からわずか半年足らずであった。

さらに半年後、一九五九年一〇月から一九六〇年四月にかけて、河南省で『信陽事件』が起きた。餓死した農民が一〇〇万人に達し、食人まで起きた。この悲惨きわまりない事件は、一九六〇年一〇月にはじめて明らかになった。毛沢東を含めて、全国が震撼した。

「さらにニュースは続いた。一九五九年一一月から一九六〇年四月まで、貴州省湄潭県の死者が全県の二〇％に達し、死滅した家族が三〇〇〇戸近くになった。一九五九年冬から一九六〇年春まで、甘粛省通渭県では人口が三分の一に減り、『通渭問題』と言われた。一九六〇年一月から八月まで、広東省羅定県の非正常死亡農民が一万七〇〇〇人に達した。一九六〇年春、貴州で『遵義事件』と『金沙事件』がおき、大量の死者が出たほか、食人事件が発生した。一九六〇年六月までに餓死者が人口の半分に達した貴州省江口では、農民暴動が発生した。暴動の指導者は人民公社の書記であった。」

「調査が異なると、結果も同じではない。香港で出版された重要な書籍『墓碑　…中国六〇年代大飢饉の紀実（日本語訳『毛沢東大躍進秘録』）』の著書楊継縄は、新華社の記者で、一〇年ちかく調査を続け、多くの史料文書を用いた。彼の結論によると、一九五九年から一九六一年までの三年で、非正常な死者は三六〇〇万人、基本的に餓死であった。」

「当時の史料は、悲惨で見るに堪えない。その中から信頼できる史料を一つ紹介しよう。長いあいだ甘粛省の婦女連合会主席を務めた李磊（り・らい、LiLe：生没不詳）の回想である。彼女は当時寧夏回族自治州の州委員会書記であった。当時、中国で死者が最も多かったのは寧夏ではなく、河南、安徽、山東、貴州などの省であった。しかし彼女は州委員会書記であり、多くの一次史料を持っていた。彼女は真実を語ったため、右傾日和見主義分子にされている。八〇歳のとき、『悠々たる歳月』という回想録を出版し、彼女の持っていた多くの具体的史料を公刊した。」

「多くの地方では食人事件が発生した。臨夏市の一〇個の公社、四一の生産隊で、五八八人が三三七体の死体を食べた。紅台公社だけで一七〇人が加わり、一二五体の死体が食べられた。生きた人間も五名食べられた。小溝門生産体では、八個の作業隊のうち六の作業隊で食人が発生した。二三戸が五七人を食べた。あるものは父子、母子、夫妻、子女、姉妹を食べた。あるものは、死んだばかりの人を食べ、あるものは七日間埋めた人を食べた。一ヶ月埋めた人を食べたものすらいた。蔵錦光生産隊の馬希順は、病人の死体を食べ、自分が死に、一家一一人も全員死んだ。社員の白一努は八人の死体を食べた。父、妻、娘の三代を含んでいた。蔵公社の貧農の社員馬阿都は、飢饉のため臨死になったとき、娘の馬哈素非に言いつけた。『俺の肉はもうなくなった。俺が死んだら心臓をとりだして食べろ』。馬の死後、娘は心臓をとりだして煮て食べた。蔵公社団結生産隊の貧農社員馬一不拉夫妻は、一四歳の娘を生きたまま食べた。馬は死後、妻に食べられた。紅台公社小溝門作業隊の李六は自分の死んだ子を二人食べた。李六は死後、社員の胡八に食べられた。胡八は死後、粛正志に食べられた。」

④「大躍進」政策による国民経済の大破綻

銭理群は、「大躍進はどうして大飢饉になったのか。天国の約束がどうして地獄の結末になったのか」を問い、中国共産党がつくりあげた政治体制そのものにその原因を求めている。それは「スターリン政治体制」がもたらした必然の結果であったが、直接的には、高速度・高ノルマを短時間に達成しようという毛沢東と共産党側の度はずれた欲求にあった。

例えば、食糧生産一万斤にする、鉄鋼生産を一年で倍増させるなどである。そこに「やりたいと思えば必ずできる」という毛沢東流の主観的意志論が加わり、全党的・全民的な上から下までの発熱となった。

もっともひどい飢饉のあった河南省の実際の生産量は二八一億斤であったが、中央には現実の二倍を越える七〇二億斤を報告した。高い報告の後にはすぐに問題が現れた。高い数字目標でもそれは実行しなければならない。この背後には、中国政府の過剰な買いあげと過剰な蓄積という問題があったが、いずれにせよ、しわ寄せは地方政府にまわされる以外にはなかった。地方政府は過大な報告の実行を迫られ、それを今度は下部の農民に転嫁したのであった。地方政府の役人たちは警察をも動員して農民の食いぶちまで徴発したのであった。

「ある研究の調査によると、三年の大飢饉の時期、中国の農民が食べた量は、一日平均、未加工の状態で半斤以下であったという。未加工の半斤は脱穀すると〇・三斤である。しかも多くはサツマイモやウリで代替していた。当時農民には肉はなく油も足りなかった。このわずかな食糧が農民のエネルギー源のすべてであった。生命維持に必要な量をまったく保証できていなかった」。

こうして飢饉と大量の死亡は起るべくして起った。三千万人を越える飢饉とは、ヨーロッパの普通の国の消滅を意味する。

国家はこのような過剰買いあげ、過剰蓄積をどうして行ったのであろうか。銭理群はその原因を食糧の大量輸出に求め、「このような大量輸出の目的は、急いで大量の外貨を回収し、工業とくに国防工業を発展させるためであった」としている。

まさに一九六〇年一月、多くの農民が死亡していたとき、中共中央がコメントを出し、「今後の食糧生産のさらなる躍進を基礎として、国家の食糧備蓄を増やすことは、必要であるのみならず、可能であると、中央は考える」と述べた。一九五九年の廬山会議で彭徳懐（ほう・とくかい、Peng Dehuai：一八九八…一九七四、建国の元老の一人）を批判したあと、現実に存在した「大飢饉」を「さらなる躍進」と見なして、この様な要求を出したのである。その結末は災難であった。餓死者が最も多かった一九六〇年、国家にはなお数百万の食糧備蓄があった。中国には古来より、飢饉の時には倉を開いて民衆を救う伝統があった。ところが当時の体制のもと、そうした行為は厳しく罰せられた。農民は、国家が大量に食糧を備蓄した状況下で餓死した。餓死者が一〇〇万人にのぼった信陽では、当時十数億の食糧備蓄があった。多くの農民が倉の前に座り込んで、「共産党！毛主席！我らを救いたまえ！」と叫んだ。しかし当局は救わなかった。多くの人が倉の近くで地面に倒れて死んだ。救わなかった理由は、国家が戦争に備えて食糧を必要としたからであった。明確に見てとれるように、富国強兵路線は、農民を犠牲にし、農民を餓死させる代価をいとわなかった。

⑤「大躍進」による自然環境破壊

「大躍進」政策は国民経済の基本である農業生産を破壊しただけでなく、資源と生態系の破壊をもたらした。大気・水・土壌の保全と自然環境の保全は大幅に破壊された。一例を森林破壊にとると、次のようである。

「第一に資源の大破壊と生態系の大破壊。たとえば森林の大破壊があった。大製鉄のため大量の山を焼き林を伐採した。そのうえ困難な時期の開墾も、森林資源に大きな破壊をもたらした。一九五八年前後からはじまり、ほぼ四年にわたって大破壊が続いた。現在公表された資料によると、それは全国的であった。たとえば遼寧省彰武県では農地防護林が七〇％伐採された。河南省東部の防護林は八〇％壊された。開封県の四〇万ムーの耕地はそのために使えなくなった。河北省固安県の永定河下流の防護林は半分破壊された。陝西省楡林・横山県では林の焼却、砂地の破壊が二〇〇万ムーに達した。甘粛省河西の防護林と防砂林は二二万ムー伐採された。湖北省の木材備蓄量は三四％減少した。広西省は一九五八年に製鉄で石炭を焼くため木材を一七五〇万平米あまり伐採した。それは国家計画木材購入量の一〇倍以上であった。全国的な壊滅的大破壊と言えるレベルであった。」

「具体的な感覚をつかむため、ここで「緑の悲愴」というルポルタージュをもとにして、もう少し紹介しよう。広西省武宣県で一九五八年に亜熱帯原始林の大災難が発生した。中国には、「着るなら蘇州、選ぶなら杭州、食べるなら広州、死ぬなら柳州」という言い方がある。中国では最高の衣服、観光地、料理は、蘇州、杭州、広州にある。柳州は、木材の質が最も良いので、棺桶に適している。そこで「死ぬなら柳州」という。このことわざが示すように、広西省の森林資源は重要である。武宣県は広西省で最も中心的な森林地帯であった。

一九四八年、当地の土地の五八％は森林だった。ところが一九五八年に、ほとんどすべて焼き払われた。この県の盤古村の裏山には松林があり、三二六本の水瓶のような太い老松があった。山には石碑があり、「光緒二年（一八七六年）植」とあった。この松林は風水の良い場所とされ、通常は人が入ることすらなかった。ところが一九五八年の大製鉄のとき、ふいごを作るため、公社はこの木を切り倒す命令を下した。村人たちはもちろん望まず、たくさんの人が出て阻止した。そこで他の地方から多くの人を動員し、一夜のうちにすべての木を切り倒した。村人はみな大泣きしたという。木が切り倒されたのは一九五八年であったが、生態バランスの変調は数年の後に到来した。一九六三年から一九九三年まで、県では三〇年連続して干害が発生し、雨がふるとたちまち大量の土砂が流出した。一九七六年夏、八〇ミリの大雨がふり、全県の一三六箇所で崖崩れが発生した。」

⑥ 農民を囲い込み収奪する

銭理群は、「大躍進」・「人民公社」の政策は、つまるところ農民の大収奪策であったと断じている。それは外見上は「社会主義」の実現をめざすかのようにみえるが、その実質は農民から生産手段を没収し、農民を囲いこみ、集団として収奪するところにあった。

「一九五八年に毛沢東は『共産の風』と概括したが、実際には農民の財産の『共産化』であり、農民の収奪であった。いわゆる『共産』は、上級による下級の財産の共有であり、上級による下級の財産の徴用であった。具体的に言えば、国家は公社から徴用し、公社は生産隊から徴用し、生産隊は農民から徴用した。当時、農村の労働力は任意に動員できた。国家は直接命令を下して、農村の労働力をすべて動員することができた。劉少奇は、江蘇で製鉄に三〇〇〇万人を動員した際、大部分は農村から動員し、しかも無償で、『待遇に不満を言わず、労働保険も要求しなかった』と述べている。農民からの徴用はとくにひどかった。農民から欲しいものはなんでも収奪し、しかも代価を払わなかった。

しかも当時、農民の強烈な抗議があった。たとえば一九五八年八月一一日、河南省嚢城県孫祠堂郷のある農民が党中央に手紙を書き、厳しい質問を浴びせている。

『俺たちの家はなんの罪を犯して、家捜しされるのだ?』『俺たちの鍋はどうして持って行かれるのだ。香炉や銅器も持って行かれた。法を犯したのか?』『どうして食料があったら、節約したものだろうと不法なものだろうと全部没収するんだ。しかも人を縛る。これが軍事化なのか?解放軍の「軍事化」か、それとも国民党の「軍事化」か？』もちろん、『駆け足で共産主義に入る』大躍進の時代にあって、こうした農民の声はほとんど聞きとられることはなかった。公社と大隊は即刻調査を行い、迫害をした。この資料は幸運にも保存され、現在は河南省のある文書館に残されている。当時の農民の叫び声と言える」

中国の共産党政権は、中国の三農問題（農業、農村、農民）の実態は国民にひた隠しにしている。都市の住民は農村のことはほとんどわからない。

二〇〇五年に『中国農民調査』（陳桂棣、春桃著、文芸春秋）という出版物が刊行された。陳桂棣、春桃夫妻による三年余にわたる安徽省農村調査ルポルタージュである。ここには、中国農民の赤裸々な情況がつぶさに記録されていた。この著作は発表されるや大きな反響を呼んだが、発売後二ヶ月も経たないうちに中国共産党中央宣伝部から発禁処分を受けた。

第十四章　民衆の反抗――『星火』にみる民衆決起の闘い――

1　中国農村の実態

農村ではゴロゴロと農民が死んでいった。まるで地獄絵だが、現実だった。以下に記すのは、胡傑監督のドキュメンタリー映画『星火』から生き残った人達の証言である。（引用は土屋昌明の『星火』から、専修大学社会科学研究所月報NO623号）

『星火』メンバーの中心は蘭州大学の教員、学生であった。かれらは反右派闘争で「右派分子」にされ、農村の辺地に送られていた。

『星火』メンバーの一人譚蟬雪は、次のように語っている。

「私に対して刺激が多かったのは、私がやっかいになった一家のことだ。子供たちは出て行って老夫婦が残されていた。ある晩、急に泣き声がして、見に行くと旦那さんが死んでいた。ピンとまっすぐに寝たままだった。彼はいつも私によくしてくれ、気をつけなさいといつも言っていた。だからその時、私は彼が亡くなったのを見て、奥さんもひどく泣いていて、強烈に打ちのめされた。当時は共同食堂での食事で、彼は食べ物を持ち帰って、なるべく奥さんに分けていた。だから自分は少なくなった。こうして栄養不足になったのだ。はっきりわかった、これは餓死だと。」

当時かれらは、この異常な事態は一地域だけの現象であろうと思ったようである。向承鑑は、次のように語っている。

「武山駅から村まで5キロをこの鉄道沿いを歩いた。行く先で土手に死人がころがっていた。私は非常に驚いて、村に戻ると、党中央に上書しようと思った。しかし考えてみると、新聞では大躍進の情勢がますます好調だとされていたから、私のような右派の人間が、どんなことを言っても信じるものか。政策への中傷だと思われる。だから書いては捨て、死人を見てまた書いた。党中央に上書しよう、毛沢東に伝えようという気持ちは変わらなかった。」

村の幹部たちは、人民公社への配給を少なくし、農民からの収奪をさらに強めようとしていた。

「当時、倉庫に食料がなかったわけではなく、その食料を動かせなかったのだ。なぜ動かせなかったのか。農民の餓死は爆発的に広がっていたのに、上層部は目に入らなかったのだ。上層部は農民には食べ物がある、農民は食糧を隠していると言い続けた。一九五九年末には、地面を掘り返した。農家の家宅捜索をして、何十年も何代も使った枕を破って、蕎麦とかゴミみたいな枕の中身を検め、そこら中にぶちまけたのだ。地面には穴を掘り、オンドルにも穴をあけたが、食べ物なんか出てこない。幹部たちは、ホントは農家に食料はないと知っていたんだ。そういう話は各部署で隠していて上層部には伝わらなかった。」

村の上層部が農民の餓死を放置したのは、幹部の自己中心的な出世欲と虚栄心による腐敗があるとともに、毛沢東の政策に対して瑕疵を生じさせた場合、自分の出世や安定に危機が生じるという恐怖があった。

向承鑑は次のように語っている。

「五九年には既に極めてひどい餓死の現象が発生していた。武山県の第一書記は張十存といい、第二書記は張克仁というが、彼らは、餓死者が相当ひどかったのに、武山の新寺公社で食料展示会を開いた」

地方幹部は、みずからの出世と保身のために農民を犠牲にし、餓死者が出ていることを公にさせないためには手段を選ばなかった。「星火」のメンバーで、名誉回復後に蘭州大学教授となった江献国は、本作のインタビューで次のように語っている。

「当時、甘粛省では張仲良から命令が下った。凡そ北京への手紙、つまり国務省、党中央・毛沢東あての手紙は、一律すべて検閲せよ。手紙内で餓死者だとか食べるものがないと言及していたら、その手紙を書いたものは投獄せよと。噂では一〇〇〇人以上が投獄されたという」

この張仲良について、向承鑑はこう述べている。

「張仲良というのは甘粛省の第一書記だ。彭徳懐を批判した八回八中全会で、中央委員候補の最後尾まで登った、最後尾の中央委員候補だ。はっきり覚えている。出世したんだ。」その結果、甘粛省では農民暴動が発生し、公安が実力行使をして死傷者が多数出た。

「武山から隴西と武山の間に、鴛鴦鎮という所がある。ここでいわゆる農民暴動が起こった。

どういう暴動かというと、倉庫を襲って食料を盗ったんだ。ドヤドヤと捕まった後、パンパンと何人も撃ち殺された」

大飢饉の異常なまでの発生と農民の暴動。これは甘粛省だけの現象か。そうではないと分かったのは、その後のことだ。向承鑑はその事情を、次のように語っている。

「一九五九年十月に機会があって、出張することになった。北京に菌種を買いに行ったのだ。帰りに天津・保定・石家荘・邯鄲・鄭州・風陵渡などまわって途中下車した。西安でも降りてみた。駅は各地の窓口だ。逃散した者・親戚に頼る者・食料を探す者・子連れの者・こういう人ばかりだった。これは甘粛一省のものではなかったのだ。それで私はこういう結論に至った。餓死者は全く政策がもたらしたものだ。中共中央・毛沢東がもたらしたものだ。そういう結論に至った。多くの情況を知った。広東・広西・雲南・貴州だ。四川だけはわからなかったが。安徽・河南は甘粛と同じくひどかった。

太原で兄と議論になった。地方の現状を兄に話した。兄は私が事を起こさないかと心配し、こう云った。太原を見てみろ、ビルが建っているだろう。党の指導でこんな偉大な成果を得た。おまえにはそれが見えないのかと。兄に言った、僕の目を見てよ、目は光っているでしょ？　兄さんが見える物は僕も見える。でも僕が見える物は兄さんには見えない。それが僕たちの違いだと。太原から戻った時には、もう真理に殉じようと腹に決めていた。それしかないと決めていたんだ」

『星火』の刊行はリスクが高いということは認識されていたようである。彼らは印刷について、当時、『鳴放』で民主を掲げ北京大学の運動に関わった林昭に相談している。これについて譚蝉雪はこう述べている。

「林昭は初め『星火』の刊行に賛成ではなかった。それには二つの理由があった。まず、秘密でこれを印刷すると、執筆者と印刷者に危険なだけでなく、読者にも危険だ。それにもう一つ、これを印刷した後、人に何をあたえられるのか？こんなリスクを払う価値があるのか？誰もが知っている話を書くなら、わざわざ書くまでもない。しかし、林昭はこうも言った。考え方を交換して、影響をひろげ団結しあうために、特に、分散して自由に行動できない状況では、『星火』は啓蒙に欠くべからざるものだ、と。」

「星火」のメンバーもこのような考えを共有したらしく、譚蝉雪はこう述べている。

「『星火』を本格的に話し合ったのは、北道府旅館だった。あれが正式な会議だった。張春元・願雁・胡暁愚・苗慶久・孫和がいたかは覚えていない。彼らはそこで幾つか正式に話し合った。まず刊行物を出すべきか。当時、みんなの意見は同じで、出すべしであった。刊行物は意見交換と認識の統一という作用が目的であった。だから必要性が非常に高いと思った。定期か不定期かは様子を見る。この会議は重要な第一歩であった。しかも決定的な一歩だ。会議が終わってから、各自執筆に入った。張春元はとっくに腹案があった。散会した後、張春元・胡暁愚・願雁は別々に執筆しはじめた。」

つまり彼らは目前の大飢饉と餓死者の状況がなぜ生じているのか、その原因となっている政策の問題がどうなっているのかを探索するために、各自論文を持ち寄って交換し、相互に参考にしようとしたようである。それは反右派・大躍進・人民公社といった政治運動の渦中にありながら、極めて主体的で理知的な姿勢を示しており、驚嘆に値する。

まず反右派運動について、「星火」第一号「現在の形勢と我々の任務」で向承鑑はこう指摘している。

「中国史において整風と反右派は、重大な意義がある。それは党の変質点、人民を敵とする方向への転換点、ヒューマニズムを敵とする道への転換点だ。」

彼らは自身が反右派の被害者であったが、このような向承鑑の認識は、知識人として自身が受けた反右派運動の経験によるだけでなかった。彼らは農村・農民という立ち位置から反右派運動を再解釈している。「星火」第一号「農民と農奴と奴隷」で張春元はこう指摘している。

「いま農村でいわゆる反右傾運動が進んでいるが、これは農民に同情した者を痛めつけるものだ。やられるのは現場の基層幹部である。彼らは農民家庭出身か、自身が農民で、農民と親和的な関係にあり、多くは農村の党員である。」

農村・農民の立ち位置から見たとき、農村における反右派闘争は、農民大衆の主体性を挫き、人民公社の導入の地ならしになったという認識が得られた。向承鑑は「現在の形勢と我々の任務」でこう指摘する。

「反右派運動後の『反浪費』『反保守』『交心』『抜白旗』などの政治運動は、全て反右派の続きでである。こうした諸運動は、全国の人々の精神を徹底的に変革した。人民公社運動は、整風・反右派の必然的産物である。統治者は人をならし服従させようと、人々の物質的精神的なすべてに対して徹底的な剥奪をした。人民を従わせようとして、軍事組織的な形によって農民を編成し、奴隷式の集団労働を実行した。」

『星火』第一号「農民と農奴と奴隷」で張春元はこう指摘する。

「いま農村の大きな変化の一つは、農民の貧窮と破産である。農村には新しい階層が出現している――農村プロレタリアだ。この階層の出現は、現今の統治者が実行した極めて反動的な各種の農業政策の結果である。まず、農業集団化のスローガンの下、残酷にも農民の生産材を、つまり、土地・家畜・農具などを間接的に制限し、穀物や油や綿花など農民の所得に対して、この『共産主義への橋』の背後で、広い範囲の農民を国家の奴隷・農奴にさせたのである。」

「現在の統治者は何回かの運動において、一つの基本的な指導思想と方法を持っている。主観的臆測を事実に優先させることと法制がないことだ。それは罪なき人々の心と肉体に大きな傷を与え、計り知れない命を冤罪の死霊に変えた。国家権力と思想的専政によるのは、実は党の絶対的指導の悪しき発展である。真のマルクス主義という看板を掲げたある人物及び少数の政治家たちの思想と方法は、日増しに主観的迷信と反動へと変質し、もはや悲しむべき結果を来した」

2　一九五七年以後、変質する中国共産党

「星火」第二号「ある歌から」で、楊賢勇はこう指摘している。

「私は見た。農村のやせ衰えた姿を、栄養失調によって水腫を発している姿を。道ばた・木の下・畑の中、至るところ死体だ。多くの家庭で食糧が欠乏し、家族全員が死滅した。毎年、政府の公報は、食糧の大躍進・大増産・大豊作、生活は大改善という。これはホントなのか?」

向承鑑は「星火」に「食母記」という文章を書き、実際に起こった食人事件を記録・紹介した。「私も『母親を食べる記』を書いた。事実にもとづいて書いたんだ。ある子供が母親を食べてしまった。一日に少しずつ食べて、頭部だけが残り、子供は逃亡した。後に捕まって銃殺されてしまった。」

苗慶久はインタビューに応えて次のように語っている。

「それは私たちがこの眼で見た事実だった。それが、ソ連への借金返済のせいにされていた。自然災害とも言われた。百年に一度の災害と言うが、実は人災だったのだ。全ての地方幹部がウソを言って人々を騙していた。私たちが書いた人民公社のこと、彭徳懐は正しいということ、全ての農村に基づいて書いた。皆に真実を知ってもらうためだった。」

毛沢東をはじめとする中国共産党指導部は一九五七年以後はっきりと変質した、と向承鑑は「全国の人民に告げる書」で書いている。

「全国の兄弟姉妹・同胞のみなさん、みなさん見たことでしょう。山にも野にも、大通りにも

路地にも駅にも戸口にも、ボロボロ衣裳で四肢が突っ張り目玉が飛び出て、口をあけた老若男女の無残な姿を。すでにそれを目にしてきた我々は、全てがわかりました。これは中国の歴史で、そして世界の歴史でもかつてなかった、人間性に対する冒涜である。二億人が飢えて死にそうな時に、人民のために誠心誠意服務するはずの畜生どもは、商店の裏でいかなる品物でも手に入れることができる。お菓子でも飴でもタバコでも。いつでも盛大な宴会を開ける。宴会では五千人の農民が働いた物を消費するのだ。要するに彼らは変身した。骨の髄まで変わり果てた。

一九五七年以降、官僚統治グループを形成したのだ。彼らは人民にとって旦那となったのだ。」

「星火」の発刊の言葉「幻想を捨てて戦いに備えよ」で願雁は次のように述べている。

「目覚めの時だ。もし将来の幸せのためにベルトを締め直したのなら、もし君が全人民の豊さのために戦ったのなら、もし君が仕事を完遂せんと励んだのなら、今日この日にこそ目覚めるべきだ。ベルトを締め直した結果は、食糧のさらなる減少、日々の戦いの結果は、社会全体の緊張、仕事に励んだ結果は、冷酷非情の闘争と打撃。なぜかつては進歩的だった共産党が執政十年足らずで、かくも腐敗・反動に変わり果てたのか。

それは偶像崇拝で民主を圧迫したからであり、中央集権のファシズム的統治を形成した結果である。指導者の思い上がりと馬を鹿と為す転倒、ひたすら逆行した結果である。このような独裁統治にしてまだ社会主義と言い張るのなら、独断専行の国家社会主義に他ならず、ナチスの国家社会主義と同類に属する。いま全人民は厳しい任務に直面している。反右派の高潮に続いて、一九五七年より大きなうねりが来ようとしている。すでに目覚めた同志たちは、民主社会主義と科学的社会主義という共同の目的のもと、団結し、機を逃さずに大衆を覚醒させ、目前の強権を徹底的に粉砕すべく奮闘させてくれるであろう。」

そして当初からリスクが高いことを承知していた彼らではあったが、餓死現象の全国的な展開やその背後の幹部の腐敗、政治的な原因などを認識すればするほど、現実的な改善のためにみずからを捨て石にする覚悟を固めていたようである。譚蝉雪のインタビューによると、リーダー格の張春元は、当初に林昭と話したのとは違って、「星火」を公開することを決意したようである。「後に張春元が提案した。当局の上層部に印刷・配布すべきだと。北京・上海・広州・武漢、それに西安の五都市があがった。」

共産党内にはまだ革命的分子が多くいると彼らは認識していた。党内の革命派を糾合し特権層と化した党上層部を打倒する。現状を打破するには他に方法はない。これが彼らの一致した結論だった。

『毛沢東と中国』の著者、銭理群は、次のように述べている。

「一九五九年、林昭は蘭州大学の張春元（一九三二年—七〇年）をリーダーとする左派学生らとつながり、一九六〇年一月に『星火』の創刊号を発刊した。かれらは独立した批判の声をあげたが、そのための血の代価を支払うこととなった。一九六〇年九月、『星火』メンバーとその支持者、関係者（農民を含む）四十三名が一斉に逮捕された。その後二十五人が有罪判決をうけ、準備が完了していた『星火』第二号は発刊されなかった。一九六八年、林昭が殺害された。一九七〇年、張春元とかれらを支持した武山県委員会書記杜映革が殉難した。」

かれら「星火」グループは、毛沢東の「中国共産党」と決別し、『中国共産主義者連盟』の設立を準備していた。

ここにみられるのは、強烈なほどの革命的マルクス主義者の群像である。陳独秀とまったく同じ立ち位置と未来への志向である。腐敗した共産党に替る革命党の建設は毛沢東らの最も恐れることだった。「星火」メンバーは甘んじて民衆の代弁者になろうとしていたのであった。

第十五章　プロレタリア文化大革命から天安門事件まで（一九六三年〜八九年）

「大躍進」・「人民公社」運動の破綻から一九六六年の毛沢東によるプロ文革開始までには、数年間の幕間の期間がある。

この期間は「調整期」ともいわれる。劉少奇らは、農民の労働意欲を刺激するために生産の個人請負い制や自由市場などを認め、従来の方式を改める方向へと転換をはかった。

毛沢東は、六二年の「七千人大会」で形だけの自己批判をおこなったが、実際には従来の「社会主義」路線を改めてはいなかった。幕間の時期は、毛沢東による再度の支配権奪還の試み、すなわちプロ文革への準備期でもあった。

1　プロレタリア文化大革命と魏京生の自伝的エッセイ

プロレタリア文化大革命（以下プロ文革と略称）は、約十年の永きにわたったが、しかし、そのエッセンスは一九六六年の紅衛兵運動から六七年のコミューンをめぐる攻防、六八年のコミューン運動への弾圧に至るまでの二年余にすぎない。

プロ文革の評価には当然にも様々ある。ここでは、『探索』の代表者魏京生の自伝的エッセイ『狂信的毛沢東主義者から反体制活動家へ』（『勇気』——獄中からの手記——魏京生著　集英社）をとりあげる。北京の模範的共産党員の息子として育った人間が、どうして狂信的毛沢東主義者から反体制活動家へと変わっていったのかを綴った自伝的エッセイである。

ここには、北京の紅五類に属する都会の一青年が、どうしてプロ文革に参加していったのか、そして文革のなかで社会の矛盾に触れ、民衆の苦難を知り、社会の真実の姿に目覚めていく過程が率直にリアルに記されている。（以下小見出しは引用者）

① 中国社会と青少年

「一九六六年、私が一六歳で中学校を卒業しようとしていた年、突如として文化大革命が始まった。その年、私は高校に進学するはずであったが、文革によってすべてが狂い、教育制度もめちゃめちゃになった。しかし、あの混乱により、私たちが正規の教育という面でどれほど犠牲を強いられたにせよ、精神的な経験という意味でその分は取り戻すことができたと、私はいまでも感じている。あの動乱の時代、人々はそれまで長いあいだとらわれていた迷信や偏見を捨てることを余儀なくされ、いやおうなく自身の態度と信条とを内省するようになった。人々は世の中を客観的に眺めるようになったが、それは通常の状況では不可能なことであった。

『文化大革命』というのは、一九六六年に勃発したあの混乱期にふさわしい名前だった。なぜなら、その始まりは基本的には精神性という特徴をもっていたからである。それは長年の間に鬱積した怒りの爆発であり、背景には公式の政策と現実との間で広がる一方の落差があった。文革期に勃発した闘争はそれがどこで生じたのであれ、中央政府から地方の農村大隊に至るあらゆる単位で、ほぼ例外なく、圧政をしく指導者に対抗して民衆が起こしたものであった。抑圧されたことのないごく少数の人々でさえ、加害者に対抗する犠牲者という旗印をたてて闘ったのである。

明らかに文化大革命は『偉大な旗手』毛沢東に一人によってすすめられたのではなく、多年にわたる共産主義の専制の結果だった。にもかかわらず、この怒りの爆発は圧政者崇拝という様相を呈し、戦いも犠牲も独裁のもとでおこなわれ、それに捧げられるものになってしまった。

「文化大革命の苦しい経験は中国国民のなかに独得の世代を形成した。私が多数の友人とともに紅衛兵となった一九六六年、紅衛兵たちは狂信的な毛沢東信者だったが、より重要なことは、彼らが当時の状況に強い不満を抱いていたことである。もし彼らが純粋に毛沢東主義者の集団であるならば、彼らがあのような反抗的態度を示す必要はあまりなかったと思う。私自身を含め、紅衛兵となった大部分は、中国における社会的平等の不在にうんざりしていたし、それを達成するために喜んで犠牲になろうとの意識があったから、紅衛兵はほとんど無敵ともいえる強力な戦闘力になったのだ。

だとすればなぜ、この勢力は不公正な社会制度の破壊に失敗したのだろうか。それは、彼ら自身が専制主義というイデオロギーで武装していたからなのだ。この私がよい例である。当時の私は熱狂的な毛沢東主義者であり、毛、マルクス、レーニンの著作に書かれた理想郷を、これから実現してゆかねばならないと考えていた。私は自分の学校の指導者たちが、それを実現しようとの意思をしめさないことに非常に失望していた。」

②　紅衛兵運動の分裂と疑念

「様々な理由により、紅衛兵運動は急速に成長し、中国全土に拡大していった。私たち紅衛兵は国中を旅しながら『革命の経験を交換しあえ』とか『革命の火をともせ』といった毛の命令を実践した。」

「ところが、当初の熱意が少し覚めてくると、私たちは疑念を抱きはじめた。反抗の対象となっている権力者たちがすべて悪人だというのなら、国家と党全体が悪であるということになるではないかと考えたのだ！そのような考え方は、私たちが運動の当初に感じていたこととはかけ離れていた。」

「この困惑のなかで、紅衛兵は瓦解しはじめた。たとえば、私の学校に当初いた四〇〇人の紅衛兵のうち、一〇〇人以上が他の組織に移ってゆき、残りも五つか、六つの派閥に分裂したのである。

そのとき私は、この複雑で矛盾した状況を正確に解釈する唯一の手段は、現実に沿った知識をもっとたくさん得ることだと考えた。そこで最も親しかった同級生数名を誘って『社会調査』の旅行に出たのである。その旅行は思いのほか長いものとなった。」

③　社会の現実――地方駅の光景

「友人らと私は列車に乗って北西に向った。それまで訪れたことのない地方だった。列車はあらゆる種類の人々でたいへん混雑していた。彼らの多くは『革命体験を交換しあう』という名分のもと、実際には観光に出かけようとしているのであった。大部分は頭の弱い田舎者ばかりで、ほとんど何の知識ももたず、そのことを気にかけている様子もなかった。彼らの精神はずっと以前に麻痺しており、いまや人生に唯一の目標は娯楽というありさまであった。私はこうした人々に嫌悪感を抱いた。中年の男が一人、私の真向かいに座っていた。彼は公的な旅行に出かけるのだと言ったが、私は彼が『経験を交換しあう』という名目で切符を手にしていることに気付いた。彼は私が何人かの仲間と一緒であることや、私たちが紅衛兵であることを知ると、私たちと熱心に言葉をかわそうとしたが、私はほとんど彼を無視した。

西安より西の駅には、無数のもの乞いがいた。もの乞いを見るたび、私は反射的に食物をいくらか分け与えた。やがて、向かいに座っていた男が言った。『それ以上食物をやるのはよしなさい。彼らはかつての地主か富農といった階級の邪悪な分子かもしれない。いずれにしても、彼らは惰性な寄生虫なのだから勝手に飢えさせておけばよいのです。』かれの口調には説得力があったので、私は半信半疑ながらその言葉に従った。それでも、小さな子供を見ると、哀れみから食物をやらずにはいられなかった。

蘭州市を過ぎると、列車は『河西走廊（黄河の西の回廊）』と知られる有名な地方に近づき、小さな駅で停車した。それは誇張ではなく、本当に小さな駅であった。プラットホームすらない駅で、おそらく列車が停まって人が乗り降りすることも滅多にないと思われた。私たちの列車が停まった瞬間、もの乞いの一団がほとんどすべての車両に群がってきた。私の窓の下の方でもの乞をしていた若者たちの群れのなかに、若い女性がいた。顔は煤で汚れ、髪の毛は上半身を隠すほど長く伸びている彼女に、私は憐憫の情を覚えた。子供たちには罪はないと感じたし、たとえこの女性が地主や富農の出身であったとしても、彼女自身はまちがいなく金持ちでも地主でもなかった。そこで私は、彼女に少しばかりの食物を与えても『あいまいな階級意識』を抱いたことにならない判断した。蘭州で買った餅をいくつか取り出し、窓の外に手を伸ばした。しかし、列車は高すぎ、もの乞いたちは盛土の下に立っていたので、私の手はあと五〇センチほどおよばなかった。そこで私は、窓の外に半身をのりだし、彼女に餅を手渡そうとした

ところが、頭をだしたとたんバランスを失いかけて、私はすぐさま頭を引っこめた。両手はまだ外に垂れていた。その瞬間、私は想像だにできない、信じられない光景を見たのである。一七歳か一八歳のその若い女性は、長い髪の毛で上半身を隠すほかには、まったく身をおおうものをつけていなかったのだ。離れた位置からでは、彼女の身体についていた煤と泥が衣類のように見えていたのだ。まわりの少年たちも全員裸でもの乞いをしていたので、彼女だけが目立つわけではなかったのだが。

私は現実から目をそむける人間ではなかったし、今見たものが現実であることもはっきり認識していたが、どうしても理解できなかった。その少女も他のもの乞いたちも、私が不意に引っ込んでしまった理由もわからず、もの乞いの声をさらに大きくした。彼らにとっては飢えこそが最

も火急の問題なのだと悟って、私は手のなかの餅を急いで投げた。すると線路ぎわは騒然とし、それを手にいれようとして争いになった。

　向かいに座っていた男が声をあげて笑い、さも慣れているといった顔で言った。『初めて見るのですか?この辺りには大勢いるんです。小さな駅ではどこでもあんな少女がいて、なかには非常にかわいい子もいます。何か食物をやれば、それ以上お金を使わなくても……。』私は相手をにらみつけた。ここぞとばかりに、私の感じた憎しみと嫌悪感をあらわにしてやった。私の形相があまりに恐ろしかったのだろう、彼はすぐに話をやめ、うろたえて口調を改めた。『この辺りでもっと何度も列車に乗れば、驚かなくなりますよ。でも、もちろん、駅という駅でこんな光景を目にすることを思えば、本当に可愛そうですがね。』私はこのような人物に自分の感情をわからせたくなかったので、窓の方をふりかえった。

　再び、あの若い女性が見えた。今度は爪先立ちになり、手を大きく伸ばしながら哀れを誘う瞳で、汚れた乱れ髪のあいだから私を見つめ、私にほとんど理解できない方言で必死に施しを求めていた。私には、彼女の欲しているものがはっきりとわかった。おそらく彼女は、ついさっきの餅をつかみそこねたか、あるいは弟や妹にやってしまったのであろう。いずれにしても、私がさらに何かを与えてやらなければ、彼女は飢えてしまうと思った。最初の衝撃と気まずい思いは消えていたので、私は食べ残したパンをすべてをカバンから取り出し、窓の外に背一杯身体をのばして、先ほど何も受け取らなかった者たちに与えた。

私の持っているパンでは、大勢のもの乞いを満足させるには足りなかった。他の列車で施しを求めていた人々も、私のそばに群がりはじめた。ためらいつつ体を車両に引っ込めようとしたとき、私の背後で声がした。『ほら、残りものが少しあります。』私はふりかえり、信じられない気持ちで向かいの座席の男を見た。恥ずかしそうにしながら、『どうせ全部食べることはできません』とつづけると、彼は私にビスケットの包みをいくつか手渡した。私が手をのばす人々にそれを分け与えていると、他の窓の乗客たちもてきぱきとさまざまな食物をもの乞いたちに渡しているのが見えた。かれらがそんな気持ちになったのは、私の伸ばした腕に紅衛兵の腕章をみとめたからかもしれない。だが、本当にそうだろうか。列車が動きはじめ、私は例の裸の女性とまわりの子供たちに窓から視線を向けた。彼らの大部分は、すでに飢えて視線を車窓からはずし、手に持った食物を見つめていた。

そのあと二日のあいだ、あの名もない小さな駅での出来事は、私の脳裏から離れなかった。」

「そのとき、私の心の内に浮かんだのは、この社会の真の姿を認識するためには、都市と上流階級の現状を理解するだけでは不充分であり、最下層の状況をも調べる必要があるということだった。」

④　右派の老女と労働改造所の人々

「この目標を胸に抱き、最も親しかった友人の一人とともに私は中国西部の辺境地方である新疆へ行き、生産建設兵団の最下辺ではたらく人々を訪ねた。私たちが注目したのは、生産される品物や収穫物の量ではなく、そこで暮らす人々の生活水準であり、生活にたいする彼らの考え方であった。新しい場所に着くたびに、私たちはすぐさまできるだけ多くの人々に会おうとつとめた。温かい心と率直な態度で接したので、都市からやってきた元学生、除隊した兵士、追放された老右派など、その地に定住する人々の多くと知り合うことができた。彼らの目標や経験、状況などそれぞれ異なっているにもかかわらず、全員が現状についての態度では一致していることに私は気づいた。それは不満ということである。かつての都市の学生や兵士たちは、みな欺かれたと感じていたのだ。

右派のある老女は、彼女が共産党に加わったとき、党がやがて非人間的な悪党たちの一団に乗っ取られるとは思いもしなかったと、あからさまな言葉で話してくれた。そのような考え方を理解することは、はじめのうち、私たちにはきわめて難しかった。あまり信じがたいので、このような女性は右派というレッテルに本当に値すると感じたほどである。

しかし、友人と私は、あらゆる見解をがまん強く聞くことを心がけた。彼女がその思いを説明するためにひきあいにだした些細な事柄は、彼女自身の人生の出来事も含めて、反駁しがたいものであった。彼女は胸襟を開いて語れる機会をとても喜び、私も彼女の話に心を動かされ、私たちはすぐに親しくなった。かつて彼女は新華社通信の通信員をしていたが、右派と決めつけられて、新疆に追放されたということだった。しかし、新疆には熟達した専門家がいないため、庫爾勒（コルラ）の第二農業区で新聞の編集者と記者の仕事に従事することを許されているのだった。

私たちは、この女性の案内で、貧しさにあえぎながら暮らすその一帯の人々に会いに行ったが、そのなかに貧農協会の主席をつとめるウイグル族の人がいた。この男性の家をでるとき、私はあたかも時計の針が二〇年さかのぼり、小説のなかにでてくる解放以前の貧しい農民の家をのぞいているような気がしていた。唯一のちがいといえば、その貧しい農民が『革命』とか『修正主義』という言葉をさかんに使うことであり、それはまるでいまが一九四六年ではなく一九六六年なのだということを思い出させようとしているかのように聞えた。

この新聞記者の女性は、里からひときわ離れて孤立した場所にある馬小屋にもつれて行ってくれた。その近くにある魚の加工場で、私たちは上海からやってきた二〇人以上の元学生に出会い、写真を撮ってくれないかと頼まれた。彼らは私たちが乗っていた馬にこわごわまたがりながら歓声をあげ、手綱にしっかりとつかまった。少し妙な気がして、私が『ここではふだん馬に乗らないのですか』とたずねた。眼鏡をかけた一人の若者が、笑いながら答えた。『ここには馬は一頭もいません』。彼からは、写真を家族に送ってほしいと頼まれた。土地の美しい景色を背景に、一人ずつ馬の背にまたがった姿である。

その夜、団の本部に戻る道すがら、私はくだんの記者に何故あの学生たちは、自分が住んでいる荒れ果てた茅葺屋根の小屋を背景にして写真を撮らなかったのかと聞いてみた。彼女はうんざりした口調で答えた。『一〇年以上も写真を送っていないのです。あんな崩れかけた小屋に子供が住んでいると知ったら、彼らの親が何と思うか想像してごらんなさい』。私は、一〇年も写真を送っていないと聞いて、驚きを隠しきれなかった。記者は、彼らの状況を説明する機会を得て喜んでいるようだった。

『ここでの暮らしは過酷です。彼らの家や食物が労働改造所の囚人たちとまったく同じであることに、あなたは気づきませんでしたか？』

『あそこには労改の囚人がいたのですか？なぜ私は気づかなかったのだろう』私はそう言った。『あまり注意していなかったのでしょう。彼らの居住区域の前に並んでいた小屋――あそこに労改の囚人がいるのがわかりませんでしたか』

手前に立ち並んでいた小屋の窓から私たちを黙って見つめていた人びとを、私はふと思い出した。しかし私は、労改の囚人が都会から送られた学生と同じくらい『自由に』暮らしているなどとは思いもよらなかったのだ。

「彼らは一人として工場から離れることを許されていません。生産上の都合だからだというのですが、実際には逃亡を防ぐためです。当然ながら、彼らは写真を撮ることなどできません。馬など一頭もいなかったことに気付きませんでしたか」と、彼女はつづけた。

驚くべきことだが、私は、都市から送られてきた元学生が労改の囚人と同じ『自由』のもとで暮らしていようなどとは想像だにしていなかった。

『しかし、逃げてしまえばいいのでは』と私は食いさがった。

『この川の急流を見てごらんなさい』

そういわれてはじめて、私たちが渡ろうとしている急流に気がついた。波斬騰（ボステン）湖にむかって激しく流れていく川だった。ここにいたるまでに、すでにこのような川を三つも渡ってきていたのである。

『こんな川を、馬を使わずに横断するのは無理です』と彼女は言い、私たちはとどまることなく渦を巻く流れを見下ろした。『しかも、春になって雪がとけると、馬でも渡れなくなるんです。ラクダでなければなりません。何も背負っていない馬は、急流に押し流されてしまうでしょう』

靴が濡れないようにするため、私たちは両足を馬の背に上にのせていた。私は後ろを振り返り、およそ一〇キロ離れてしまった茅葺き屋根の小屋をみた。残りの生涯をおそらくあの場所で過ごすであろう数人の不幸な人たちが、地平の彼方に消えていく私たちをまだ見守っていた。」

⑤「毛沢東思想」をマルクス主義に照らして再検討する

「紅衛兵に最も早く参加した人々のあいだでも、多くの者が同様の気持ちを抱き、社会をより深く理解しようと努力していたことを知った。なかには、人生について学ぶと言って破れた衣服をまとい、北京駅でもの乞いをした人もいたという。

しかし、私はそんなことをしても『人生について学ぶ』うえであまり役に立つとは思わなかった。労働者や農民が語る心情に耳を傾けることが、もの乞いをするよりはるかに効果的だったろう。社会を理解するには、そのなかにあるさまざまな階級と小さい社会を理解する必要がある。

また、私は新しい偏見も身につけた。はっきりとそうでないと納得できる確固たる証拠がないかぎり、すべての権力者を良心のない非情な人びとと見なし、他人の不幸を利用して成功をかちえた人間たちだと考えるようになったのである。」

「その頃すでに『毛沢東思想をマルクス主義に照らして再検討する』ことを要求したり、『毛沢東は一九五七年以前は偉大な人物だったが、それ以降は間違いをおかした』などと主張する人びともいた。今日、そのような発言をする勇気のあるものはほとんどいないだろう。そう考えると、当時普通の人々がそんな言葉を公然と口にすることが、いかに常識を超えたことであったかが想像できる。

しかし、これらの言葉は灯火のように、私のような人間たちに道を教えてくれたのだ。毛主席はすでに江青に指示を出し、われわれ『造反する赤子たち』を容赦なく逮捕するように命じていた。これを聞いたとき、私はそれまで長いあいだ心に抱きつづけていた、そびえ立つ老人の姿がゆらぐのを感じ、人々が口にする他のさまざまなことも耳に入るようになった。私の心にはすぐ迷いが生じ、ひょっとして毛主席の思想が『問題』であるかもしれないと想いはじめたのである。」

⑥　紅衛兵運動への弾圧

「一九六七年、『首都紅衛兵連合行動委員会』、略して『連動』が、江青に反対したことを理由に、非合法化された。私たち紅衛兵には拠って立つ組織がなくなってしまったのである。私たちの思想は、周辺にいたどの集団ともよくかみあわなかったし、そのうえ、彼らは私たちと少しでもかかわりをもつことを恐れていたのだ。私たちは、すぐに独自の組織をつくる必要を感じた。ちょうどそのころ、北京の西城区のある紅衛兵指導者が合唱団を結成し、主として『長征組歌』『毛主席詩詞組歌』といった曲を歌っていた。あっというまに、古くからの紅衛兵たちが数多く合唱団の周辺に集まってきた。この合唱団の存在意義は、党の老幹部たちの悲しみを歌いあげることにあった。メンバーの大部分が、そういった党幹部の子弟だったのだから当然ではあった。しかし、合唱団のもう一つの特徴も、見過ごすことはできない。それは合唱団が反江青の立場をとり、この組織に参加していた者のほとんどが、いまや非合法となった『連動』のメンバー、もしくはその支持者だったことである。

彼らが江青に反対した理由は主として、彼女が純朴な若者たちを操って自身の権力の強化をはかり、自分の好まない人物を攻撃するのを手伝わせたことが明白だったからだ。彼女はくりかえし学生たちを踏みつけ、気の向くままに彼らを攻撃したのである。さらに、合唱団のメンバーたちは、江青の道徳性について不快なことを数多く親から聞かされていた。江青は多くの党幹部を迫害していたため、その子供たちの恨みも買っていたのである。」

「一週間あまりのち、楊小陽と私が広州から帰ると、状況はすでに一変しており、楊小陽は自宅に一歩を踏み入れたとたん逮捕された。中核メンバーは緊急会議を開いて私を責任者に選び、全員で広州に行くことが決まった。広州へ行くことが、最後の希望であるように思えた。

北京中で何度も大量検挙がくりかえされ、私には隠れるところがなくなった。一九六七年七月と八月は、天津ですっかり絶望したまま時をおくった。さらに、もう一度警察の急襲があり、建物の屋根に隠れてこれをなんとか逃れると、友人らがなけなしの金をはたいて私の逃亡を助けてくれた。それでも、考えていたいずれの場所にいくにも資金が足りなかった。結局、私はある友人の女友達の家に行くことにした。彼女には、一度しか会ったことがなかったが、運よく住所がわかっており、彼女が住む常州への電車代もかろうじてもっていた。『もし彼女が助けてくれなかったら、そのときはどうする？』と友人はたずねた。『そうだね。上海までもたせられるくらいの食料はある』と私は答えた。『上海ではまだ検挙は始まっていない』。こうして上海へ行くことになった。」

⑦　潜行

「列車の切符を買うと、手持ちの金は一元を切ってしまった。列車をおりたとき、道がわからないのでやむなく輪タクに乗って家を訪ねると、彼女が料金を払ってくれた。私は恥ずかしい思いをしながら、来訪の本当の目的が借金であることを彼女に告げた。さらに、その金で武漢か広州に行って身をひそめ、それが駄目なら上海までいって友人に金を借りるつもりだと話した。」

「一週間あまりして、私はようやく北京の友人たちからの金を受けとった。妹からの手紙も一緒にとどき、安徽省にある私の先祖の家の住所が書かれていた。妹もその手紙にすべての都市で一斉検挙がおこなわれていると書き、田舎が安全な唯一の場所であると警告してくれていた。

私は友人の女友達に感謝した。常州の彼女の祖母の家を、本当に安全な隠れ家として使わせてもらったし、次の移動の準備も安全にすすめることができた。私が常州に滞在しているあいだ、彼女が毎日のように私を公園や市場に連れて行ってくれたので、心を休ませ、気分をはらすことができた。」

⑧　黒五類の老女

「彼女の祖母は、常州でも指折りの資産家だったが、共産革命後は、革命に参加した娘の仲介で財産をすべて新政府に献納し『開明紳士』の称号を与えられた。私が常州に滞在した一九六八年、彼女は老いて寝たきりになっていたにもかかわらず、入り口の扉に表示をつけ、自分が『黒五類』（親が旧地主、旧富農、反動分子、悪質分子、右派分子の者）の一人であることを示すよう強要されていた。」

「私が父方の先祖の地に到着したころ、毛沢東にたいする個人崇拝と『階級構造の排除』などの運動が勢いを増していた。拡大する一方の階級闘争のなかで、かつて毛沢東と共産党の側に立って強く支持していた人びとでさえ、階級闘争と粛清の犠牲になっていた。私は、階級闘争をここまで徹底的にとらえなければいけないものかと疑問に思いはじめた。」

「私は、まるで長い夢からにわかに冷めたような心地だったが、周囲の人々はみな、まだ暗闇のなかに沈んでいた。それまでの私の見解や政治的概念がもはや信頼できなくなったように感じはじめ、徹底的に考え直して吟味し直す必要があるように思われた。

村の静粛に助けられ、マルクス、エンゲルス、レーニン、スターリンの古典的著作に読みふけった。私が最も信頼できると感じたのは、マルクスとエンゲルスである。彼らの著作は他の人びとのものよりもはるかに科学的であると感じられたからだ。」

⑨　赤子の交換

「その村に滞在しているあいだ、『大躍進』と『共産風』の爪痕が私のなかに深い印象を刻みつけた。村に着いた日から、農民たちが『大躍進』をあたかも『この世の終わり』を語るような言葉で回顧するのを聞いたし、彼らの口調には生き残ったことを幸運だと思う気持ちがにじみ出ているのだ。私はすぐそのことに関心を抱き、何度も詳しい話をしてもらった。徐々に理解できたのは、『三年自然災害』と呼ばれた時代に『自然災害』などはまったくなかったということである。

本当のところ、その災害は、誤った政策によってもたらされたものなのだ。農民たちは一九五九年から六〇年の『共産風』の時代をふりかえり、田の米が放置されたまま腐っていく様子を語り、農民たちが飢えのために力がでず、収穫作業ができなかったと話してくれた。多数の人々が、田に稔ったはちきれんばかりの稲穂を見ながら死んでいった。誰一人として、収穫作業に取り組むだけの体力が残っていない田もあったのだ。一度親戚の者と近くの村に向かう途中、私は人気のない集落を通った。家々の屋根は崩れ、土壁だけが残っていた。『大躍進』で別の村と合併された村だと考えた私は、なぜ家の壁を壊して野地にしなかったのだろうかと、親戚の者に聞いてみた。

『これは人民の家だ。彼らの同意なくして、どうして取り壊せるだろうか。』しかし、家には屋根がまったくなかったし、誰かが住んでいるとは思えなかった。『もちろん、もう誰も住んでいない。村中の人びとが、『共産風』のあいだに飢え死にしてしまったのだ。村を出て行った連中のうちで、帰ってきたものがいなかったので、田畑は分割され、付近の生産隊が耕すことになった。最初は、誰かが帰ってくるかもしれないと思われたので、家を壊さずに残した。しかし、もう何年もたつ。もう誰も戻ってはこないだろう。』

私たち二人が村の前を通り過ぎるとき、土壁のひび割れのあいだに生えた青い雑草が、明るい日光に輝いていた。あたりに広がる手入れのゆきとどいた田との落差に、私は背筋の凍る思いがした。その後、友人の家であった寄りあいでは、村人たちが赤ん坊を食料として交換しあう様子が聞かされた。自分自身の赤ん坊と引き換えに手に入れた他人の赤ん坊の肉を、あの土壁のひび割れに生えた雑草のあいだで、ためらいがちに食べる親の苦悶にみちた表情を、私はありありと思いうかべることができるような気がした。いま、あたりの田畑で楽しそうに蝶をおいかけている子供たちは、食べられてしまったその幼児たちの生まれ変わりだろうか。可愛そうだったし、親たちはもっと哀れだった。彼らにそんなことをさせたのは誰だろう。まさか食べるようなことになるとは思いもしたかったはずの人肉を、涙と、他の親の悲痛な思いとともに飲み込ませるようなことをしたのは誰なのだろう。

いまなら私は、その張本人の顔をはっきりと思い描くことができる。彼は、『世界のなかで数百年に一度、中国では数千年に一度』現れる人物と故事にいわれるような人間、すなわち毛沢東なのだ。毛とその信奉者たちこそ、その邪悪きわまりない制度と政策によってあの親たちを飢えさせ、正常な感覚を失わせ、血肉を分けた我が子と他人の子を取り換えて自らの飢えをしのぐようなことをさせたのである。毛沢東こそ、民主主義を窒息させて『大躍進』を遂行した大罪をとりつくろうために、前後の見境をなくした無数の農民が鍬を手にとり、隣人を襲い、自分が生きながらえるために同じ境遇の人々を殺してその肉を食らわねばならならぬような事態を招いた張本人なのだ。農民たちが悪いのではない。毛沢東とその取りまきたちこそが罪人なのである。

これに気づいてはじめて、私は彭徳懐が勇気をふりしぼり、毛の率いる党中央委員会を攻撃した理由がのみこめた。これに気づいてはじめて、農民たちが激しく『共産主義』を憎む気持ちがわかったし、私有地や私有企業の拡大と生産量割当ての固定化をうたう劉少奇の政策が否定されたとき、農民たちが納得しなかった理由にも合点がいった。農民たちは、血肉を分けた我が子を他人に食わせたり、理性をすべて捨て去って隣人たちを殺し、その肉を食べたりすることは、二度とやりたくないと思っていたのだ。彼らは生きつづけたいと思っていたのだ。それこそ、どんな『主義』よりも強力な理由となる。」

「現下の状況で毛沢東を罪人と呼ぶのは、狂気か、少なくとも無謀な行為とうつるだろう。しかし、私にとってそれはきわめて自然な結論であるし、臆する気持ちもない。なぜなら、私がこの目で見たあらゆることが、それが事実であると物語っているからだ。他の説明は考えられない。

しかし、私が理解できなかったのは、人びとがこの罪人を賛美しつづけ、自らの生命を捧げまでして、彼を守ろうとする理由である。いろいろな立場はあろうが、兵士も警察官も、その多くは農民や労働者の息子や兄弟ではないのか。」

田舎で過ごした一年あまりのあいだに、私は毛の『階級闘争』の理論が現実のなかでどう実践されているかを直接見聞した。軍務に服したときも、階級闘争の理論が生活のあらゆる局面に浸透しているのを再び目にした。毛沢東は階級闘争を口実に民衆を〝想像上の〟利益集団に分割したのである。彼ら自身にとっての本当の利益を見抜く力を見失わせ、現実には彼らの破滅を招いてしまうような目標に向って、おたがい同士で殺戮しあうようしむけたのだ。まさにこうした手段を用いて、毛は無数の民を操り、抑圧し、欺いて、みずからを支持するように仕向けたのである。まさにそれだからこそ、大罪人は、民衆の指導者という仮面をかぶることができたのである。」

魏京生を変えたのは、紅衛兵時代の友人たちと一緒に行った辺境行脚であり、もう一つは北京を追われてのこれまた地方への逃避行であった。彼はここで都会の人間の知らないもう一つの中国の姿をみたのだった。

2 紅衛兵運動の前段と後段

プロ文革はとらえようのない抽象的な文言から始まった。「魂にふれる革命」「上部構造における革命」等々。いくらか具体性を持ったのは、「パリ・コミューンを実行する」である。

もう一つの特徴は、この運動が青少年の紅衛兵運動から始まったことである。青少年層には社会の諸矛盾への不満がうっ積していた。なによりも社会に自由と民主主義がなく、社会の重圧がかれらをがんじがらめにしていることが、かれらの反発を招いていた。言論、出版、集会、結社の自由。何一つ自由ではなかった。社会主義を標榜しながら自由にモノが言えない。進学の自由も職業選択の自由もない。すべては上の決定に従うのみである。

しかし、上からの決定に従うというのは、「紅五類」の子弟にだけ言えることで「黒五類」の子弟に至っては、進学も就職も何らの保証もなかった。青少年たちはもて余したエネルギーを発散できずにいた。プロ文革の抽象的なスローガンなどはどうでもよかった。かれらにはそのエネルギーの発散口が必要だった。そしてその戸口が開けられるやそこへと殺到した。

最初に旗上げしたのは「紅五類」に属する紅衛兵集団であった。毛沢東、四人組はこれをきっかけに全国的な紅衛兵運動に火をつけた。紅衛兵は全国をかけめぐり、右派分子や旧地主、富農を引き出しては三角帽子を被らせ、外国人とつきあいのあった者を捜し出し、旧い文物は見境なく破壊した。官僚のなかの誰が実権派かは見分けがつかなかったが、四人組の指図に従って、免官運動を実行した。劉少奇殺害はその代表例である。毛沢東と四人組は、表向きは「武闘ではなく、文闘を」と指令したが、裏ではしきりに「武闘」を奨励していた。劉少奇は国家主席でありながら、身の安全は何ら保障されることなく紅衛兵の暴虐に屈した。

二〇一四年二月一日、ＢＢＣ放送中国サイトは、「文化大革命被害者の夫、宋彬彬の謝罪を拒否」を掲載した。宋彬彬は、中国の八大老の一人・宋任窮の娘で、「私は毛沢東に紅衛兵の腕章をつけてさしあげた」ことで有名になった。宋彬彬が紅衛兵として活動した師範大学付属高校は文化大革命の最前線となり、最初の大字報（壁新聞）も同校で出現した。下仲耕耘校長は紅衛兵に吊し上げられ、暴行され、文革の最初の犠牲者となった。下校長の夫は、「暴行された後も治療することは許されなかった」「すべての真相を明らかにするまで、宋氏の謝罪を拒否する」と彼は語った。プロ文革の傷はいまだに消え去ることはない。

前段の紅衛兵運動は一過性だった。官僚たちを批判する「免官」運動も官僚制度を葬ることにはならなかった。旧地主、右派分子を探し出しても、旧文物を破壊してもそこからは何も出てこなかった。それに紅衛兵運動には毛沢東、四人組の影がまとわりついていた。こうして前段の紅衛兵運動は背景に退き、臨時工や請け負い工など底辺の労働者紅衛兵運動が前面に押し出されてきた。

紅衛兵運動はジグザグしながらも次第に階級色を強めていった。官僚を一時的に打撃するだけの免官運動では何らの変化もなかった。運動は次第にパリ・コミューンの再現をめざしたコミューン運動へと向かっていった。

3 「パリ・コミューンを実行する」とはどういうことか

コミューン運動を領導している潮流には大別して二派あった。一つは、四人組傘下の潮流である。この潮流は六七年一月に「上海コミューン」の奪権に成功した。さて奪権したのはよいが、次に何をうち樹てるのか。パリ・コミューンの原則を実行してその再現をはかるのか。問題は核心に迫っていた。

ここで、パリ・コミューンについて概要ふれておこう。パリ・コミューンとは、一八七一年のプロシャ、フランス戦争において、敗北した政府軍にかわって、パリ民衆が蜂起し、自主管理的な民衆権力を樹立した、民衆自身による民衆のための革命的闘争組織であった。コミューンは数々の革命的方策を提起したが、その主なものは次のような内容だった。(詳しくは、マルクスの『フランスにける内乱』とエンゲルスの注釈、参照)

①労働者階級は旧い国家機構を受け継ぐことはできず、これを全て解体しなければならない。常備軍を廃し、これを全人民の武装にとって替える。

②コミューン議員と官吏の選挙制と解任制。かれらへの労働者並みの賃金といっさいの特権の廃止。

③労働者の協同組合による国民経済の管理・運営。

マルクスは、コミューンは「労働の解放をなしとげるための、ついに発見された政治形態」といった。マルクスはそれまで来るべきプロレタリア革命の課題として労働者による政権の奪取と民主主義の獲得を提起していたが、その後のプロレタリア革命がどのような課題に直面するのか、特に国家と革命との関係の問題についてはまだ不明であった。

労働者の経験を待たねばならなかった。そしてついに一九七一年のパリ・コミューンがその解答を与えたのであった。銀行の没収と政府軍の打倒を怠ったことはコミューンの敗北につながったが、しかし、パリ労働者は画期的な革命的方策を次々と打ち出したのだった。マルクスのプロレタリア革命に関する理論は、このパリ・コミューンの経験を通じて大きく飛躍したのであった。

「パリ・コミューンを実行する」とは、右にみられる革命的方策を実施に移すことを意味していた。パリ・コミューンの原則を実行するかどうかが焦点となってきた。しかし四人組は上海の一月革命の奪権に成功するや、今後どうしましょうかと毛沢東にお伺いをたてた。四人組とて、コミューン原則を実行すると現在の国家体制そのものが根底から吹き飛び、毛沢東も中国共産党も君臨できなくなるのではないかと一方では怖れていたのである。

4 「コミューン」から「革命委員会」へ

毛沢東の回答は「コミューンＮＯ！」であった。替わりに毛沢東は「革命委員会」という改良的手段を提供した。

次にみるのは『毛沢東思想万歳』に掲載の毛の回答である。

「われわれは、やはり、少し穏当なやり方をした方がいいのではないだろうか。名称をすっかり変える必要はない。このようにしてゆくと、政体を変える問題、国家の体制の問題、国号の問題がおこってくる。中国人民公社と改めなければならないかどうか。中華人民共和国の主席は何と呼ぶか、主任か、社長か。たんに問題がおこるだけでなく、なおもう一つの問題が出てくる。もし改めるなら、すぐに外国がこれを承認するかどうかという問題がおこってくる。国号を改めるなら、今まで外国の大使は廃せられ、改めて大使をとりかえ、改めて承認しなおすことになる。私の推定では、ソ連は承認しないだろう。ソ連はあえて承認すまい。というのは承認すると、ソビエトにとって面倒なこと、どうして中華人民公社というものが生まれたのか、という面倒なことがおこるからである。」

「もし、すっかりコミューンと改めたとしたら、党はどうすればよいのか。党はどこにおかれることになるのか。コミューンの委員には党員と非党員がいることになり、党委員会はどこにおかれることになるのか。どうしたって党はなくてはならない。一つの核心がなければならぬ。それをどのように呼ぼうと、つまり、共産党とよぶにしろ、社会民主党とよぶにしろ、国民党とよぶにしろ、一貫道（漢代の一つの政党）とよぶにしろ、そこにはどうしても一つの党があることが必要だ。コミューンにはどうしても党が必要だ。コミューンが党にとって代わることができるだろうか。」

「私の見るところでは、やはり名称を変える必要はない。コミューンと呼ぶ必要はない。やはり、これまでどおりのやり方でやることであり、将来は、やはり人民代表大会をもち、やはり人民委員会を選挙することだ。これらの名称をあれこれと改めるのは形式の変更であり、内容の問題を解決しない。いまは、臨時権力機構をうち建てたが、やはり革命委員会と呼んではどうか。大学（の指導部）は、やはり文化革命委員会と呼んではどうか。これについては一六条（プロレタリア文化大革命に関する一六ヶ条）が規定している。」（『毛沢東思想万歳』下）

あれこれと屁理屈を並べたてながら、毛沢東は彼がもともとパリ・コミューンの原則の実行など眼中になかったことを吐露していた。

5　もう一つの紅衛兵運動――「省無連」のコミューン運動――

もう一つの紅衛兵運動は「省無連」に代表される運動である。「省無連」とは湖南省無産者階級革命連合委員会の略称である。省無連には二〇余の造反組織が参加していた。『中国はどこへ行く』はその綱領的文献である（『毛沢東を批判した紅衛兵』エクトゥール・マンダレ他編、山下佑一訳、日中出版）。

このもう一つの潮流は、毛沢東の方向転換によって一月革命が流産させられた後、再び「革命委員会」方式に反撥して闘いをもり返し、八月の全国的な武器強奪運動へと進んでいった。

『中国はどこへ行く』に従って闘争の経緯を追ってみよう。

「今年の《一月の嵐》によって、ブルジョア司令部に対する闘争の幕が切って落とされたけれども、奪権は個々の人物の解任として理解され、特権階層を打倒し、旧国家機関を粉砕することとして理解されなかった。そのうえプロレタリア派が幼稚であったことも加わって、政治権力はいまなお官僚どもの手中にあり、奪権は形式的なものになっている。

たしかに、今年の五月以来、全国各地で異なった規模の戦争が発生したとはいえ、一般的にこれは武闘であると考えられたにすぎない。これが革命と反革命の戦争であること、大規模な政治革命がひきおこした国内革命戦争であること、プロレタリア革命派が政治権力を奪取し政治権力を強固にする必要不可欠な暴力革命であることは、眼にはいらなかった。

したがって、二年余の文化大革命は、広範な大衆に文化革命に関する感性的認識を与えたにすぎなかった。

二月逆流に対する反撃の闘争が、七・八・九月に達したとき、全国の人民は活気にあふれていた。だれもがプロレタリア文化大革命は《徹底的に押しすすめられる》だろうし、人々の思想を束縛してきた伝統的思想が一掃されるだろうと考えていたのである。

しかし十月以降、上から下への反革命的改良主義の逆流が現れ、《第一次文化革命の終焉》を要求する階級妥協（階級闘争ではなくて）の雰囲気が急速に強まり、またもや人民を惑わせるようになった。知識青年層や学生はとりわけ鋭敏なので、このような雰囲気をまず感じとり、われわれは何をしたらよいのか、中国はどこへ行くのかということが再び問題となった。《極左派公社》は、この新たに提出された重大な問題を解決するために設立されたのである。

この問題を正しく解決するためには、有史以来最も偉大な一九六七年の革命によってもたらされた豊富な経験と教訓——とりわけ《一月の嵐》と《八月の局地的国内革命戦争によって生み出された巨大な歴史的意義をもつ経験》——を真剣に総括しなければならない。」

「レーニンは、かつてつぎのような名言をのべた。《いかなる革命といえども、真の革命であるかぎり、それは階級的変動である。それゆえ、革命の約束を悪用して大衆をだまそうとする行為を暴露するためのもっとも良い方法は、革命の中で、どのような階級変動がおこったか、おこりつつあるかを分析することである》と。この教えに従い、一月革命の中で生じた階級変動を分析し、革命の約束を利用して大衆を欺いている事実を暴露することにしよう。

だれもが知っているとおり、一月革命に見られた最大の事実は、九〇パーセントの高級幹部を追い出したことである。当時、湖南についてみると、張平化、章伯森、華国鋒などの輩の権力は、ほとんど皆無になったし、中央においても、財政部、放送局などの部門でぞくぞく奪権が行われ、李先念、陳毅、譚震林などの連中はもとより、彼らの代表である周恩来の権力も大々的に低下した。当時、それらの権力は、誰の手に移ったであろうか。それは限りない熱情に満ちて、都市工業、商業、交通等における、行政、財政、文化を管理するために、組織的に立ちあがった、人民の手に移ったのである。

《人民大衆は立ち上がって社会主義国家の運命をみずから管理すべきだ》という社説の呼びかけが、まさに実現した。短い一月革命の嵐の中で、官僚どもの手から、熱狂的な労働者階級の手に移った。社会は、突如として、官僚なしでも生活できないことはない、それどころか、よりいっそう活発に活動できるし、より自由に、よりすみやかに発展できることを発見した。それは革命の前に《われわれがいなければ、生産は崩壊するし、社会は手のつけられないような混乱に陥る》と、官僚たちが、労働者を脅かした状態とは、全く異なるものだった。

実際には、官僚や官僚機構なしで、生産力は大いに解放されたのである。石炭工業部がつぶれた後も、石炭は以前とかわらずに産出できた。鉄道部もつぶれたけれども、輸送も、平常どおり進行した。省党委の各部がつぶされてからも、各種の活動は、平常とかわることはなかった。其れに増して、労働者階級の生産意欲と積極性は、おおいに解放されたのだ。

一月革命以後、労働者たちが、みずからの工場を管理している姿は、まことに感動的であった。労働者たちはここにはじめて、《国家が、われわれを管理するのではなく、われわれが国家を監理しているのだ》ということを感じとった。そしてまた、彼らは、自分自身のために生産していることも感じとった。彼らの意気込みが、かつて、これほど高まったことはないし、責任感が、これほど強まったこともなかった。長沙紡績廠、その他の工場は、造反組織をはじめ、いろいろな新しい創造を行っている。

これこそ、一月革命における階級変動の本質といえる。事実一部の地区では、この短い期間に、部分的ではあったが、《中華人民公社》の性格を実現させているのだ。社会は、パリ・コミューンに似た《大衆独裁》の状態になった。一月革命の嵐は、〝中国は、官僚のいない社会に向かいつつあるということと、現在、九十パーセントの高級幹部は、特権層を形成しているということを、人々に示した。そして階級闘争発展の客観法則により、高級幹部の大部分は、一月中に追放された。この追放は、決して《大衆》の誤りではない。」

「大衆が事実を暴露し、彼らに対する怒りを爆発させたことにより、《赤い》資本家階級が、完全な腐敗階級になって、歴史の進行を妨げていることが、はじめて知らされた。彼らと広範な人民との関係は、指導者と被指導者という関係から、支配者と被支配者という関係に、搾取者と被搾取者という関係にかわり、革命に平等に参加する関係ではなく、圧迫者と圧迫されるものへの関係へと変化していったのである。《赤い》資本家階級の特権と高い給料は、人民大衆に対する圧迫と搾取とを基盤としたものであったのである。《中華人民公社》の実現をめざすためには、この階級は打倒されなければならない。」

「この権力をめぐるたたかいのなかでは、旧国家機構を破壊するというマルクス主義の原則を実践しなければならない。ここには、改良主義の余地もなければ、平和移行も存在しない。古い国家機構は、徹底してうちこわされるだけである。《古い搾取制度、修正主義的制度、および、官僚主義的機構を徹底して、粉砕しよう。》」

6　八月の武器強奪、局地的国内戦争

「いまや革命的人民が、武装した赤い資本家階級にうちかつためには国内革命戦争が必要であ

る。プロレタリアートと赤いブルジョアジーの間でたたかわれた八月の大規模な武闘と局地的国内戦争は、この予見を実証した。八月の局部的国内戦争はまた、歴史上例のない豊富にして偉大な経験を生み出した。凡人の予想に反して、歴史は、先覚者が予想していたとおりの方向に発展した。そして、歴史的発展の歩調に応じ、法則のとおり、これまで想像もできなかったような大規模な武器強奪事件が出現した。軍隊の直接参加する様々な規模の局地的国内戦争（江西、杭州などでは軍隊が直接たたかった）が爆発した。人民が八月に示した創造的精神と革命的情熱は、はなはだ感動的であった。武器の強奪が大規模な《運動》となって現れたこと、および革命戦争の威力と《人民、そして人民だけが歴史を創造する原動力なのである》ということを印象づけた。

都市には短期間ながら、一種の《武装大衆独裁》が出現した。大部分の工業・商業・交通および都市を管理する権力は、章伯森、華国鋒、竜書金、劉子雲のやからから、ふたたび武装せる革命的人民の手に渡った。八月当時のように革命的人民が、世界を創造する主人公として歴史に現れたことは、これまでになかったことである。小学生たちは自発的に交通、警備工作を担当した。かれらが颯爽と車両を指揮する姿や《湘江暴風》《紅中界》などの大衆組織が自らの財政経済の一部の権限を行使したときの誇らしい態度は人々に忘れがたい印象を残した。

八月は、革命的大衆組織の権力が急速に増大し、官僚たちの権力がふたたびゼロにまで下がった時期である。暫定的で不安定ながら、ふたたび財産と権力の再分配が行われた。ふたたび偉大な《中華人民公社》の実現を試みた。」

「八月の嵐における偉大な企ては、人民がみずから組織した武装力の出現であって、この武装力は、プロレタリア独裁〈実権派に対する独裁〉のための実現となっている。彼らは人民と心を合わせ《赤い》資本家階級を打倒するため、共同でたたかっている。軍区という官僚機構がつぶれても、人民は悲観的どころか、喜びの声をあげている。以前のようにそれがなければやっていけないなどと考えていない。この事実は、プロレタリアートにより現実的に中国の軍隊の将来を予見させるとともに、新しい社会である《中華人民公社》における武装力の姿を予見させる。

八月におけるプロレタリアートの勝利の成果を横領し、大衆独裁を官僚支配に変えるためブルジョアジーがまっ先に行ったことは、労働者階級を武装解除することであった。労働者階級が鉄砲を手に入れたことにより労働者の権力は無限に増大した。

このことは、ブルジョアジーにとって致命的な脅威であり、彼らは労働者階級がもつ鉄砲にたいして恐怖の念を抱いた。革命的人民は、勝利の成果を横領しようとする官僚に対する当然の憎しみから、《武器を引き渡すことは自殺するのと同じだ》という革命的スローガンを高らかに叫んだ。こうして自然発生的に新官僚ブルジョアジーを武装転覆するための全国的な大衆的《武装隠匿運動》が形成された。

八月の武装強奪運動は偉大であった。それは資本主義国家に前例がないばかりか、社会主義国家でも全民皆兵を実現した最初の出来事である。文化大革命以前は、官僚たちは人民に対して真の武器支給をやろうとしなかった。民兵は官僚の統制する武装勢力であり、一種の飾り物であった。労働者階級自身の武装組織ではなく、むしろ官僚に掌握された従順な道具であった。武装強奪運動によって、大衆は初めて上から下への恩恵としてではなく、革命的人民自身の暴力に依拠して官僚の手から武器を強奪したのである。」

7　紅衛兵運動への弾圧

紅衛兵運動のコミューン運動への発展は、支配集団の階級的支配を脅かす危険性をもつにいたった。ここに至って、これまでさまざまに分化していた支配集団は結束を強める方向へと動きはじめた。軍隊の動向が全体の動向に決定的な影響力をもった。

武漢の軍区司令・陳再道に率いられる軍隊とこれを支持する労働者組織「百万勇師」が、中央の公安相・謝富治と中央文革小組・王力を逮捕、監禁した事件はその一端であった。

葉剣英ら軍幹部は、プロレタリア独裁の支柱である軍隊を紅衛兵の指揮下にゆだねることなど許されないと林彪、康生、江青、張春喬らを痛烈に批判した。毛沢東は、葉剣英らの動きを「復活、巻きかえし」と批判する一方で、コミューンから革命委員会への転換をはかることで事態を折衷的に収めた。陳再道は厳罰には処されなかった。毛沢東の威信には明らかに影がさしはじめていた。

北京では「省無連」の綱領的文書が検討された。支配集団による紅衛兵弾圧の決断は早かった。軍隊を先頭に全国いっせいに紅衛兵弾圧が実行された。紅衛兵たちにはそれに対応する思想的準備も時間的裕余も残されていなかった。かれらは毛沢東思想に導かれてコミューン運動を追求してきたが、毛沢東をとび越えようとしながらもその前に弾圧されてしまった。

一月革命と八月の国内革命戦争にみられるコミューン運動は中国人民の革命運動史上に大きな遺産を残した。それは敗れたとはいえ、今後の運動にとって重要な経験と教訓を残したといえよう。中国民衆はなにを要求し、何を獲得しようとしたか。毛沢東と支配集団の思惑は別として、幾百万の民衆が血を流して闘った運動の遺産は受けつがれるべきであろう。そこには数々の経験と教訓がある。

8　林彪事件と激化する支配集団内の矛盾

プロ文革は六八年の紅衛兵弾圧で事実上終わった。しかし、その余波は一九七六年の毛沢東死去まで続くこととなる。毛沢東の威信低下とともに支配集団内の矛盾がいっそうあらわになってくる。毛沢東と江青・四人組、林彪集団と軍勢力、周恩来、鄧小平を中心とする実権派グループと党長老派等々。これらの支配集団は、紅衛兵運動弾圧には一致結束したが、しかし、それぞれの派閥にはそれぞれの思惑があり、かれらはある時は結託し、ある時は対立した。またそれぞれの支配集団といえども一枚岩ではなかった。

紅衛兵弾圧後、九全大会が急がれた。文革によって党組織は機能不全に陥っていたが、人民の前に党と政権の安泰を示す必要があった。もう一つ、軍勢力の力の誇示が必要であった。三結合の「革命委員会」といっても突出しているのは軍勢力だけで、党組織も革命的大衆も実質は無きに等しい状態であった。しかし、政権の安定をしめす必要があったし、軍勢力にとっては政権内での地歩を拡大する絶好のチャンスでもあった。

一九六九年四月の九全大会は林彪集団の絶頂期であった。林彪集団はこの十年来、毛沢東の個人崇拝とプロ文革にたいして無条件的支持を表明してきた。盧山会議で彭徳懐を追い落とし、プロ文革準備過程では『毛沢東語録』の普及と毛沢東、四人組の準備工作に全面協力してきた。九全大会の党規約で林彪はついに「後継者」の地位を確保した。党規約に「後継者」を指名するとは、まことに異様であった。江青は林彪の「後継者」獲得に功績をあげた。毛沢東は軍勢力の力を必要としたし、林彪も毛沢東を必要とした。

一九七一年九月、突然、林彪のクーデター計画とモンゴル上空での墜死が発表された。これは人々を驚かせた。絶頂期から突然の墜落である。この一年余の間に何が起こったのか。

官製報道によれば、林彪集団は九全大会後「天才」論をもち出して毛沢東を賛美し、空席となっていた「国家主席」の座を狙ったという。しかし、その野望が毛沢東に察知されるや、武装クーデターへと走ったという。そのクーデター計画「五七一工程紀要」には、次のようなことが記されていたという。

「彼（毛沢東）は真のマルクス・レーニン主義者ではなく、孔孟の道を行うものであり、マルクス・レーニン主義者の衣を借りて、秦の始皇帝の法を行う、中国史上最大の封建的暴君である」

「彼らの社会主義とは、実質的には社会ファシズムである。彼らは中国の国家機構を一種の、相互殺戮、相互あつれきの肉挽き機にかえ、党と国家の政治生活を封建体制の独裁的家父長生活に変えてしまった。」

真偽のほどはわからない。ただ、はっきりしていることは、すさまじいまでの支配集団内の内部抗争の事実である。毛沢東は劉少奇に続いて、林彪という政敵も打ち破ったのであった。林彪事件から七六年、毛沢東死去までの毛沢東政権の晩年は、派閥集団による政権争奪にぬりつぶされている。

林彪集団にかわって四人組が前面に出てきた。「批林批孔」運動の標的は周恩来に向けられていた。党内に確固とした地歩を持たない四人組は、プロ文革いらい実権派の総領・周恩来を標的にしていた。だが、四人組の意図は、かならずしも毛沢東と一致するものではなかった。

毛沢東は実権派を批判したが、しかし、周恩来を最後の線まで追いつめようとはしなかった。鄧小平についても同様である。実権派のすべてを失うことは、毛自身の支配をも失うことを毛沢東は十分に承知していたからである。毛沢東と四人組とのあいだには独裁者と下僕という立場の違いがあり、けっして一枚岩ではありえなかった。それを証明したのが、毛沢東による新たな「後継者」指名である。華国鋒は湖南省、省無連のコミューン運動を弾圧した代表的人物だが、毛沢東の後継者指名によって江青らの野望も消滅した。華国鋒は葉剣英ら軍長老と組んで四人組を逮捕した。

次に華国鋒政権と復活した鄧小平を中心とする実権派との矛盾があらわれる。毛沢東の威信のみを頼みとする「すべて」派は、鄧小平ら実権派に席をゆずらざるをえなかった。鄧小平政権は毛沢東政権の後を継ぐ本格的な政権として登場した。しかし、それには毛沢東の時代にいちおうのピリオドをうつ必要があった。

一九八一年六月の第十一期六中全会で鄧小平政権は毛沢東時代を締めくくる『歴史決議』をおこなった。プロ文革は成果七分、欠陥三分というお決まりの官製決議である。しかし、この『歴史決議』によって毛沢東時代への幕引きがおこなわれ、プロ文革と毛沢東の時代は終わった。

9　天安門事件――民衆への牙をむいた鄧小平政権

鄧小平政権は「改革開放」政策の本格的展開の前に、いくつかの難関をくぐらねばならなかった。

鄧小平らは華国鋒ら「すべて派」との闘争において、民主主義擁護の装いをした。華国鋒を政権の座から引き降ろし自らの政権を獲得するためには、民衆の支持を必要としたからである。そのために彼らは、民衆からもっとも要望の強い言論の自由を提供した。「民主の壁」である。

広州、北京などの主要都市で民衆は大弁論をおこない、大字報を「民主の壁」にはった。しかし、壁にはられた大字報の内容はかつての紅衛兵たちのものとは違っていた。かれらはプロ文革をくぐり抜け、いまや多く反体制派へと成長をとげていた。

広州では、李一哲たちは民主と法制の必要を説いていた。北京では魏京生らの『探索』が人々の目をひきつけた。

それは、鄧小平らの「四つの近代化」が欺瞞であり、その前に民衆による民主主義の獲得こそが必要であると訴えていた。それはまた、民主主義の獲得を第一歩として、そこから民衆自身による新しい社会の建設に進もうと呼びかけていた。率直にして簡明な『探索』の呼びかけは、人々の魂をゆさぶった。魏京生らはいまでは何者をもおそれてはいなかった。鄧小平ら政権首脳を正面にすえて真っ向からこれを批判していた。

民衆の支持に驚いた鄧小平政権は大あわてに「民主の壁」を閉じ、魏京生や李一哲らを逮捕した。北京の春は一瞬であったが、人々に新しい時代の到来を思わせた。

次に、鄧小平政権は政権内の保守派と改革派との矛盾につきあたった。改革派の代表格は政権の中枢にいた胡輝邦であった。

一九八七年十二月、安徽省合肥の科学技術大学で民主的選挙権獲得を要求する闘争が起こった。これまでの人民代表大会代議員の選出は、上からの指名によるもので、民主的選挙とは名ばかりであった。学生の要求はまたたくまに全国の大学へと拡がった。学生の要求は政権内に激震をもたらした。選挙制度の民主化を実施すれば、共産党支配の基盤は切り崩される危険性があった。ソ連邦では、選挙制度改革によって共産党員が軒並み落選し、共産党解散からソ連崩壊にまでつながっていった。一歩譲れば際限なく後退しなければならない。もはや一歩たりとも譲れないというのが党内長老派に代表される保守派の見解であった。党内保守派は「ブルジョア自由化反対！」を強く主張しはじめた。

胡輝邦は、党定年制を提起していた。定年制提起の背景には、党の腐敗、堕落という深刻な問題があった。党の長老たちに代表される特権官僚たちはポストと利権にしがみつき、その子弟、縁者、一族郎党までが利権に群がっていた。それはすでに天下周知の事実であった。しかし、この問題に近づくことは危険なことだった。

長老派は党内保守勢力を代表していた。かれらは以前から特権階級として民衆の創り出す社会的富に寄生してきた。この腐敗、堕落から逃れられる者はいなかった。鄧小平は定年制延長をもくろみ、長老たちは「ブルジョア自由化反対！」「精神汚染反対！」を叫んだ。政権内の胡輝邦に代表される勢力と党内保守派との対立はもはや隠せなくなった。

鄧小平政権は、魏京生の釈放を要求していた方励之らの知識人三名を強引に追放処分とした。魏京生問題について、胡輝邦は次のように述べていた。

「私は、社会主義制度の下ではいかなる人も自己の民主的権利を行使し、すべての者が憲法の保障のもとに最大限の自由を享受することを希望する……たとえ多くの人が反対しても自分の考えは変えない……同志諸君、人を逮捕してつるし上げにしないでほしい。監禁しないでほしいことはなおさらである。魏京生は逮捕されてから三か月になるが、まだ反省書を書いていないし、ハンストをしようとしている。彼は死を恐れてはいない……」（胡輝邦在五届人民代表大会上的講話）

一九八九年四月八日、胡輝邦は会議討議中に倒れた。胡輝邦の死は天安門事件の引き金となった。

全国から学生や労働者が天安門へと向かい、胡輝邦を追悼した。胡輝邦追悼は民主主義を要求する民衆の政権への怒りの表明であった。

鄧小平政権はこれを「動乱」とみなした。民衆の要求は踏みにじられた。天安門事件は、鄧小平政権の本性を暴露するものだった。人民解放軍は人民の味方ではなく敵であることを証明した。戦車の前に立ちはだかった青年は、支配者集団にたいする中国民衆の怒りを代表していた。

天安門事件は、「スターリン政治体制」のどん詰りを示していた。民主主義は天から降ってこない、それは民衆の汗と力でかちとらなければけっして手に入れることができないことを、はっきりと教えた。

第十六章　プロ文革の民衆的総括——魏京生の『探索』における提言

新中国の成立からプロ文革にいたる四分の一世紀の体験を通じて、中国人民がいまもっとも必要と考えているものは何であろうか。魏京生はそれを『探索』で表明した。無名の一青年が書いた一片の文章が人々の注目をあつめ、政権を恐怖させた——かれはその後長期に投獄された——理由がここにある。

民主の壁に張りだされた魏京生の提言を聞こう。

「第五の近代化——われわれはどのようなかたちの民主主義を望むか?

悲しいことに、われらの人民共和国ではすべての実権が、神のように暮らし、小説を読んだり詩を書いたりする以外には飯を腹一杯食べるくらいしか能のない人々の手中にあるのだ。民衆がこうした支配者から権力を奪ったとしても、いささかでもやましいところがあるだろうか。

民主主義とはなんだろう。真の民主主義とは、すべての力を働く民衆に与えることを意味する。働く民衆には、国家権力を運用する能力はないのだろうか。ユーゴスラヴィアはそのような道を選択し、民衆が、大きな独裁者も小さな独裁者も必要としないことをわれわれに示してくれた。彼らは、自分たち自身でずっとうまくものごとを処理してきたのである。

真の民主主義とはなんだろう。人々が自らの意思にしたがって行動し、代表を選ぶ権利を行使して、人々の代理として人々の意思と利益にそってものごとを処理させることができたとき、それを民主主義と言うのである。これだけでも、民主主義と呼べるのである。しかし、これに加えて、人々はつねに代表を交代させる力をもたねばならず、それによって権力の濫用と民衆の抑圧を防ぐことができなければならない。」

「だが本当の歴史をふりかえってみよう。『社会主義政府』によって雇われた売文業者のでっちあげる歴史ではない。真の、価値ある民主主義は、その枝葉末節にいたるまで、殉教者と暴君たちの血で染められており、民主主義へと向かう一歩一歩は、反動勢力による激しい攻撃にさらされてきたのである。民主主義がこうした障害を乗りこえてこられたという事実は、民主主義が民衆にとってかけがえのないものであり、彼らの願いを具現化したものであることを証明している。したがって、民主主義への動きを止めることはできない。

中国人民は、何ものをも恐れてこなかった。彼らが自分たちの進むべき道を理解しさえすれば、専制勢力はもはや無敵の力を保つことはできなくなるだろう。中国人民は、民主主義への闘いを望んでいるだろうか。文化大革命のときに初めて、彼らはその力を発揮し、すべての反動勢力は、彼らの前に恐れをなした。しかし、当時の民衆は、明確な方向性をもたず、民主主義勢力は彼らの闘いの原動力にはならなかった。その結果、独裁者は賄賂、欺瞞、分断、中傷、そして暴力的な抑圧によって多くの民衆を沈黙させてしまった。また当時、人びとは野心的な独裁者たちのすべてを盲信していたので、気づかぬうちに、再び専制主義者とその候補者たちによって道具にさせられ、生贄の羊となってしまったのである。

あれから一二年後のいま、人びとはついに自分たちの目標を自覚した。彼らには闘いのなかで目指すべき真の方向が見えているし、本当は何を先頭に進んでいけばよいかにも気が付いている、それは民主主義の旗印である。西単（シーダン）の民主の壁を最初の戦場として、民衆は反動勢力との闘いを始めた。この戦いは勝利に終るだろう。それはすでにあまねく信じられていることであり、民衆は解放されるのである。そして、この言葉は意義を新たにした。血が流され、犠牲者もでるだろう。人びとは、さらに卑劣な策略の犠牲となるかもしれない。しかし、民主主義の旗は二度と再び反動勢力の邪悪な霧によって隠されることはないのだ。この偉大な真実の旗の下に団結し、社会の近代化に向けて前進し、すべての人びとのために、平穏、幸福、権利、そして自由を得ようではないか！」

民主主義の旗印のもとに全国人民が団結し、反動政府の打倒をめざす闘争へと向かおう。そして反動政府を打倒し、民衆の民主主義的政権を樹立しようではないか。そこからすべてがはじまる。「平穏、幸福、権利そして自由」の社会は、民主主義を基礎に、そこからみんなで協同して建設していくことができる。なんと簡明な政綱であろうか。これは、民衆の側がうち立てた未来への対案であった。

第五部　プロレタリア革命の新しい時代

第十七章　中国社会の巨大な変化

新中国の成立からおおよそ七〇年、天安門事件から四分の一世紀が過ぎた。新中国の成立は民衆による新しい時代の到来を思わせたが、歴史は一直線には進まないことを教えた。

そもそも、ブルジョア民主主義さえも保障されない政治体制のもとで、民衆の相互扶助にもとづくアソシエーション（協同社会）の建設などありえようはずがなかった。スターリン、毛沢東らの「スターリン政治体制」がもたらした「社会主義」とは、「各人の自由な発展が万人の自由な発展の条件であるような協同社会」（マルクス『共産党宣言』）とはおよそ真逆の代物だった。かれらはそれを「マルクス、レーニン主義」と宣伝したが、マルクスの思想・理論とはまったく別物だった。しかし、われわれにその判別は難しかった。スターリン主義が国際共産主義運動に支配的影響を及ぼした時代は、悪夢の一時代だったが、それはまるで雪崩にであったかのように崩れ去った。

しかし、その間にも時代は大きく動いていった。天安門事件からおおよそ四半世紀、中国社会には巨大な変化が起こった。

1　鄧小平による転換――「改革開放」と資本主義

毛沢東と中国共産党はもてるものをすべて晒したあげく、その「社会主義」を投げだした。万策つきたのであった。残された道は、再び資本主義に回帰する以外にはなかった。「スターリン政治体制」下でどうにも立ちゆかなくなったソ連共産党は自ら共産党を解散し、ソ連邦はあえなく崩壊した。中国共産党はこれを教訓に別の方策をとった。一党独裁制を維持したまま資本主義に回帰する道である。鄧小平はこの資本主義回帰策に、「社会主義の初級段階」という粉飾をつけた。

鄧小平の「改革開放」策は、閉塞された体制下で永いあいだ呻吟してきた民衆にある種の期待感を抱かせた。八方ふさがりのなかで人々はどこかに出口を求めていた。

2　「原始的蓄積」と農民層の分解

「改革開放」策は中国社会に、資本主義の「原始的蓄積」を思わせる巨大な変化をもたらした。農民層の分解である。数億を数える農民層の分解がこれほどドラスティックにこれほど短期間に遂行された例は、世界史上に類をみない。

鄧小平政権は、農民を沿岸地域の「解放区」へ丸裸のまま送り出した。

鄧小平政権は、沿岸地域では労働者の抵抗は鎮圧されることを資本に保障した。資本に欲しいままに搾取、収奪を保障する体制とは、これまた他に類を見ない現象であった。アメリカ、ヨーロッパ、日本、台湾、韓国など四方八方から安い労働力を求めて資本が群がった。中国の安い商品は、アメリカ市場をはじめ世界の市場に進出していった。

中国の赤い資本家たちがこの四半世紀のあいだに手に入れた利益は膨大な額にのぼった。労働者、農民たちが創り出した社会的富をかれらは横領したのであった。中国はまたたく間に日本を抜いて、世界第一位のドル保有国となり、アメリカ国債の最大保有国となった。

アメリカの衰退と中国資本主義の抬頭。資本主義の不均等発展の法則の貫徹である。今日の米中関係の背景には、このような両者の力関係の変化がある。

3 工業プロレタリアートの新たな創出

農民層の分解は、他方で膨大な数の無産労働者の創出をもたらした。自己の労働力以外には何も売るものを持たない賃金労働者群がうみだされた。この変化は、中国の社会構造の根本的変化ともいえるものであった。

これまで中国の出稼ぎ農民は、片足を農村に置いていた。一家がしがみつくにはとても足りない土地だが、それでもそこにしか頼れるものは無かった。現金収入を得るため、夫だけかあるいは夫婦ともども都会へと行かざるをえなかった。農民には農民戸籍はそのままで、住居も医療保護も教育費も何らの保護策も与えられなかった。沿岸地域の駅周辺は住居もない農民たちであふれていた。

しかし、この四半世紀のあいだにこのような状況にもまた変化が生じた。農村では農業資本家と農村プロレタリア、貧農への両極分化が生じた。出稼ぎ農民はもはや多く帰るべき故郷を失っている。かれらの子弟が新しいプロレタリアートとして現れている。

かれらは、旧い農民がひきずっていた中国社会の旧い習慣や行動様式から次第に離れつつある。かれらは自己の生存のために民主的権利を要求する。賃上げを要求してストライキも辞さない。沿岸地域で頻発している労働争議の背景である。

4　階級的矛盾と民族的矛盾、環境問題と増大する社会的矛盾

ブルジョア階級とプロレタリア階級との矛盾は、資本主義社会の根幹をなす基本的矛盾である。この矛盾には、この四半世紀のあいだに大きな変化が起こった。膨大な数の無産者の増大であり、新たな階級矛盾の形成である。

もう一つの大きな矛盾として民族矛盾がある。

中国の歴代政権は、毛沢東いらいスターリンの「自治共和国化案」にみられる少数民族抑圧政策をとってきた。この政策の特徴は、少数民族の自決権をけっして認めないところにある。中国の民族問題はチベット問題に象徴されるように、永年らい紛糾してきた。そして国際的な民族闘争の高まりのなかで、いままた先鋭化のきざしをみせている。

民族闘争の先鋭化の背景には、政権による「一帯一路」政策とその延長線上にある帝国主義的

膨張策がある。「一帯一路」政策の尖兵は、漢民族の資本家である。現地の少数民族は賃金労働者として雇われ酷使される。

ここでは、民族矛盾のうえに階級矛盾が重合している。中国の広い少数民族地域のあちこちで民族的、階級的闘争が頻発している背景である。

民族問題の解決策は、政権が民族自決権を認め、同盟（連邦）からの離脱を認めることである。しかし政権にとってはとても出来ない相談である。したがって凶暴な弾圧のみが執行される。抑圧されればされるほど、民族闘争は広くそして鋭くなるばかりである。

スターリン主義の民族政策はソ連邦崩壊の重要な要因となった。中国の共産党政権もその後を追いかけている。

階級的、民族的矛盾の他に、新しい社会的矛盾が様々にふき出している。

大気、水、土壌の汚染は毛沢東時代からのものだが、「改革開放」策によってさらに極端に悪化した。この三つの汚染は、人間社会の存在を根底から脅かす。しかし、共産党政権は口先ばかりで、自然環境は悪化の一途をたどっている。

もう一つの重要問題は、原発問題である。原発廃棄か、原発推進か。世界は二極に分化しつつある。共産党政権は、依然として原発推進策をとり、外国に輸出しようとさえしている。

これら自然環境破壊問題や原発問題は、われわれに自然界との共存という重要問題をあらためて提起している。人間は自然界の一部であり、自然界との共生は、人類社会にとって第一義的な意義をもっている。

5　軍産共同体と帝国主義的対外膨張政策――「一帯一路」

軍産共同体は、中国の帝国主義的膨張策の中心勢力である。軍勢力は、毛沢東時代から政権の中枢を占めてきたが、「改革開放」に便乗して産業界との癒着を強め、今では軍事大国化と対外拡張の中心的な推進勢力となっている。

商品輸出にくわえて資本輸出に拍車がかかっている。かれらはあり余るドルを武器に、東南アジアからインド亜大陸、中東、アフリカへ、ヨーロッパからアメリカの裏庭、中南米諸国など世界のいたるところに進出している。

6　エピローグ　中国革命の前途

二十世紀の中国第三次革命は失敗に終った。いま新しい条件のもとで、第四次革命の途上にある。この革命の前途はどうであろうか。

中国人民の闘いの大方向は、おおかた定まっている。それは、魏京生の提言にみられるように、苦難の闘いのなかから中国人民が見出してきたものである。

いま中国人民の上に君臨しているのは、中国共産党一党独裁政権である。かつては中国人民の解放を掲げてきた党が、いまでは中国人民の敵の側にまわっているのである。この共産党政権を打倒し、民主的な人民自身の政権に替えなければ、中国人民の光明の前途は見えてこない。まず民主主義を闘いとることである。そのうえで、相互秩序の共生・協同社会の建設をめざすのである。このアソシエーション社会とは、もはや抑圧と搾取のない、いっさいの階級と階級差異のない、そして階級抑圧の国家も存在しない社会である。

このようなマルクスのいうアソシエーション社会が、ほんとうに実現できるのであろうか。二十世紀「社会主義」の失敗の経験からしっかりと教訓を学びとるならば、それは実現可能である。

しかし、次のことを銘記する必要がある。それは、マルクスが予言した「政治上の過渡期」が、実際上は、相当長期に及ぶであろうということである。二十世紀のソ連邦や中国の過渡期経験はそのことをはっきりと教えている。それらはいずれも、過渡期のほんの入口で破産してしまったのである。

そのうえに、われわれは民衆の「東アジア共同体」を通じて、共生・協同社会建設への道を求めている。「一国社会主義」の道ではなく、プロレタリア国際主義の道である。

われわれの前途には、紆余曲折した革命の困難が存在することも避けられない。またわれわれの経験したことのない問題が生起することも避けられない。しかし、どのような難題も相互秩序の精神で、国際主義の精神でことに当れば解決できない問題などない。プロレタリアート解放の理論であるマルクスの思想・理論は、時代の発展とともに、プロレタリアートの革命闘争の発展とともに、自らを発展させてきたからである。

①　衰退するアメリカと朝鮮半島情勢

いま東アジア情勢には、大きな変化があらわれている。朝鮮半島の非核化にはじまるこの変化は、ひとり朝鮮半島にとどまらず、極東地域全体を巻き込まずにはおかないだろう。

朝鮮半島は、永きにわたって戦争状態が未解決のまま放置されてきた。朝鮮半島は分断され、民族統一の願いは踏みにじられてきた。アメリカ帝国主義が韓国と日本をアメリカのアジア侵略支配の前進基地としてきたからである。北朝鮮敵視政策はその一環であった。しかし、いまやアメリカがかつてのような侵略と戦争政策をとり続けることは、もはや困難となってきたのである。アメリカの衰退はベトナム侵略戦争の敗退いらい、アフガン、イラクと続いているが、極東地域からの撤退というさらに大きな幕引きの予兆があらわれているのである。

朝鮮半島の戦争状態の終結が宣言され、米朝間に米朝平和友好条約が締結されれば、朝鮮半島には一挙に平和の局面があらわれることになる。しかし、これだけでは問題は半分も解決されたことにはならない。韓国と日本にある米軍と米軍基地の問題が解決されなければ、朝鮮半島の真の非核化は実現されないからである。

在韓・在日米軍と米軍基地の撤退となると、事柄は重大である。アメリカの軍産共同体の抵抗と反撃も十分に予想される。日本や韓国の反動派も黙ってはいないだろう。難題は予想されるが、しかし、もはや元に戻ることはありえない。

このような情勢をもたらした原動力は、南北朝鮮人民の反米・民主化闘争の発展にあるからである。それに加えて、沖縄民衆を先頭とする日本人民の反米・反基地闘争、東アジア地域人民の互いに連帯した闘争がある。これら東アジア人民の連帯した闘争は、在韓・在日米軍と米軍基地の全面的撤退まで止むことなく続くからである。

② 東アジアにおける日本の役割

ここに至って、混迷を深めているのが日本の自民党政府である。その外向政策は八方ふさがりである。親分のアメリカに隷属して北朝鮮を敵視してきたが、そのアメリカが大きく政策転換をはかろうとしているからである。

日本政府は、未だに戦前の日本帝国主義が犯した残虐きわまる植民地支配について、何らの謝罪も賠償も行ってはいない。日朝間の関係を正常化するためには、まずその前提となる真摯な謝罪と賠償責任が必要である。このような戦争責任の問題を処理し日朝友好親善条約を締結してはじめて、未来志向の日朝関係の正常化が可能となる。しかし、戦前の植民地支配を認めようとしない歴史修正主義の自民党政府に、そのような期待が持てるであろうか。おそらく困難であろう。

この機に、日本の政治の大転換が要望される。アメリカに隷属してきた政治方向を大きくかえて、真に独立した平和主義の日本に転換するのである。

そのための第一歩は、まず日米安全保障条約廃棄の一点で日本の民主勢力が広範な団結をかちとり、自民党にかわる民主的な政府を樹立することである。そして、日米安保条約の廃棄をアメリカに通告するのである。アメリカはこの通告を受け入れざるをえない。この日本政治の大転換こそ、辺野古の新基地建設に反対している沖縄民衆をはじめ大方の日本人民が望んでいることである。

樹立される民主的政府は、アメリカ隷従の政治と決別し、真に独立した立憲主義にもとづく政治を実行することができる。立憲主義とは、九条二項に代表される日本国憲法を国の最高規範とすることである。アメリカは日本国憲法を勝手気ままに踏みにじってきた。自民党政府はこれにひれふしてきた。日米安保条約は違憲とした砂川判決を、日本の司法当局は容認してきた。自衛隊は憲法違反であるにもかかわらず、マッカーサーの一声でつくられた(注1)。

新しい民主政府は、立憲主義にもとずき、日米安保条約廃棄に続き、自衛隊の解散、災害防止隊への改編に着手すべきである。この方向こそ日本国憲法の真の平和主義に則うものである。日本のひとにぎりの反動派はこれに大騒ぎするだろうが、かれらは日本国憲法の大義名分に反する側にまわるのである。

こうしてわれわれは、日本国憲法の平和主義をわがものとしていくことができるばかりでなく、「東アジア共同体」のゆるぎない心棒ともしていくことができる。これは広範な東アジア諸国人民が強く望んでいることである。

③　もう一つの超大国の野望

東アジアには、もう一つの超大国がばん居している。この新参の覇権主義は鼻いきが荒い。

それは、内にたいしては、残虐きわまる強権を発動している。数年前には、三〇〇人をこえる人権派弁護士が強引に拘束された。人民の側は、拘束されても頼るべき弁護士さえいない状況である。

新疆ウイグル自治区では、二〇〇八年に三〇〇〇人をこえる死者を出したチベット暴動が起った。いらい少数民族にたいする弾圧は一段と狂気じみている。いまでは一〇〇万人をこえる人々が「再教育施設」に強引に拘束されているといわている。このような強権的弾圧で民族問題が解決できるであろうか。解決できないことは、ソ連邦崩壊が示している。

外にたいしては、いま中国政府は「一帯一路」の覇権拡張政策に必死である。「一帯一路」とは、東南アジアから中央アジア、インド亜大陸から中東、アフリカを経てヨーロッパに至る海陸二方面からの遠大な覇権計画である。かれらは、あり余るドルを片手に、周辺各国にインフラ投資を呼びかけ、自らの利権に結びつけようとの算段である。その前途はまだわからない。しかし、ある程度は成功するかも知れない。周辺各国のブルジョワジーと政府は、資本と市場を求めているからである。だが他方で、この覇権主義に警戒心を抱いている国も出はじめている。

中国覇権主義の隆盛はどこまで続くであろうか。それは誰にもわからない。唯次のことが言えるだけである。生成――発展――衰退・没落は、帝国主義の避けられない運命である。歴代の帝国主義国で幾世紀にもわたって隆盛を続けられた国は存在しない。イギリス帝国の隆盛は二世紀も続かなかった。かわって最強を誇ったアメリカ帝国でさえも先にみた態である。中国覇権主義もこの運命からのがれることはできない。

④「東アジア共同体」への道

中国人民は、いまは革命の準備をすすめるべき時期である。それは、必ずやってくる次の攻勢に向けての準備である。中国覇権主義の破綻が内外のあちこちではじまる時期が必ずやってくる。この時こそ中国人民がいっせいに攻勢に出るべき時である。中国人民は永年らいの闘争経験をもっている。これらの経験は中国人民が血と汗によってあがなった貴重な財産である。これら百年らいの経験は第四次革命に生かされるべきである。そうすれば、中国人民は必ず勝利をかちとることができるだろう。

中国人民の闘争はけっして孤立していない。それは、東アジア諸国人民との共同の連帯した闘いのなかにあり、またアジアと世界の反覇権闘争と連帯している。国際主義のこの道にこそわれわれの光明の前途があり、希望がある。

（注1）日本国憲法は、戦争をするためのものはいっさいもたないと「戦争放棄」宣言をしたことで世界に知られている。一九四七年八月二日に日本の文部省は、「新しい憲法のはなし」（六、戦争の放棄）を発表したが、それには簡潔に次のように記されている。

「今度の憲法では、日本の国が二度と戦争をしないように、二つのことを決めました。その一つは、兵隊も軍隊も飛行機もおよそ戦争をするためのものは、いっさいもたないということです。これからさき、日本には陸軍も海軍も空軍もないのです。これを戦力の放棄といいます。……しかし、みなさんはけっして心細く思うことはありません。日本は正しいことを他の国より先に行ったのです。世の中に正しいことぐらい強いものはありません」

日本国憲法の九条二項は、自衛のための戦力も含めて、いっさいの戦力放棄を宣言したのであった。ところが、GHQのマッカーサーは、一九五〇年の年頭の辞で「憲法は自衛権を否定せず」と述べた。これはアメリカの戦略転換であった。アメリカはアジアの侵略支配のために、日本に再軍備をさせ、これをアメリカの戦略に従わせることにしたのであった。岸信介ら戦犯は刑務所から釈放され、日本の再軍備に狂奔することになる。日本反動派の対米隷従の深刻さは、ここに由来している。マッカーサーの年頭の辞いらい、日本国憲法は自衛権を否定せずという欺瞞的な憲法解釈が学会でも流布されることとなった。しかし、誰が読んでも日本国憲法九条二項がいっさいの戦力を放棄し、自衛を含むいっさいの戦争を放棄しているという真実は、隠すことはできない。日本反動派が九条二項に反対する理由は、ここに由来している。

補論　「いくつかの理論的問題」について

補論1　レーニンのプロレタリアート独裁論におけるマルクスからの背離について

ロシア革命直前の反動期に、レーニンは潜行先でマルクスの国家学説についての研究を行った。来るべき革命では、国家にたいする問題が実践上の重要問題となるであろうことが十分に予想されたからである。

なかでも、『ゴータ綱領』を批判したマルクスとエンゲルスの二つの手紙には、強い関心が向けられた。レーニンによる抜すい、短評、要約などが収められている『国家論ノート』（大月書店、三一頁〜三七頁）には、レーニンの研究にたいする熱い思いが感じられる。『国家論ノート』は、後に執筆されたレーニンの有名な著作『国家と革命』の礎となった。このような経緯をもつ『国家と革命』が後に内外で大きな影響力をもつに至ったことは言うまでもない。

しかし、レーニンの『国家論ノート』ならびに『国家と革命』に示される国家論には、大きな問題点があった。ことは、プロ独裁の問題に関わっていたから重大であった。ここでは、この問題に焦点をあてて検討する。

1　『国家と革命』における『国家死滅の経済的基礎』の誤りについて

レーニンのプロ独裁論にみられる欠陥は、その代表的著作『国家と革命』に示されている。特にその第五章「国家死滅の経済的基礎」は、マルクスのプロ独裁論とレーニンの見地との相違点を明確に表示している。その代表的叙述部分を示すと、次の通りである。

①「しかし、『ブルジョア的権利』以外の基準はない。そして、そのかぎりでは、生産手段の共有を保護しながら、労働の平等と生産物の分配の平等とを保護する国家の必要はなおのこっている。

資本家はもはやいない。階級はもはやなく、したがってまた、どの階級を抑圧することもできないというかぎりでは、国家は死滅する。

しかし、国家はまだ完全に死滅したのではない。なぜなら、事実上の不平等を是認する『ブルジョア的権利』が依然として保護されているからである。国家が完全に死滅するためには完全な共産主義が必要である。」（『国家と革命』第五章「国家死滅の経済的基礎」）

②「国家の完全な死滅の経済的基礎は、精神労働と肉体労働との対立がなくなるほど、したがって現代の社会的不平等のもっとも重要な源泉の一つであり、しかも、生産手段を共有財産にうつすだけでは、資本家を収奪するだけでは、けっして一挙に除去することのできない源泉がなくなるほど、共産主義が高度の発展をとげることである。」（第五章）

③「共産主義の『高い』段階がやってくるまでには、社会主義者は、労働の基準と消費の基準にたいする、社会と国家のきわめて厳重な統制を要求する。しかしこの統制は、資本家の収奪から、資本家にたいする労働者の統制からはじめられ、しかも官吏の国家によってではなく、武装

した労働者の国家によって行われなければならないのである。」（第五章）

④「さらに、マルクスの国家学説の本質は、一階級の独裁が、あらゆる階級社会一般にだけ必要なのではなく、またブルジョアジーをうちたおしたプロレタリアートにだけ必要なのではなく、さらに、資本主義と『無階級社会』、共産主義とをへだてる歴史的時期全体にも、必要なことを理解した人によってだけ、会得された。」（『国家と革命』第二章）

マルクスとエンゲルスは、「国家死滅の経済的基礎」を生産手段の私的所有制の廃絶、すなわち、いっさいの階級と階級差異の消滅、に置いている。所有制の廃絶について言えば、ブルジョアジーからの生産手段の没収のみでなく、小ブルジョアジー（特に農民）の小所有の廃絶＝全人民的所有制への移行をも含む。

これにたいしてレーニンは、「国家死滅の経済的基礎」を生産手段の私的所有の廃絶、すなわちいっさいの階級と階級差異の消滅に置かず、高度な共産主義に到る経済的課題（人間の分業への隷属、精神労働と肉体労働との差異、農業と工業との差異、都市と農村との差異などの三差異）の消滅に置いている。ここにみられる両者の相違点は、根本的ともいえるものである。

「資本家はもはやいない、階級はもはやなく、したがってまたどの階級を抑圧することができないというかぎりでは、国家は死滅する。しかし、まだ国家は完全に死滅したのではない」というう不可解なレーニンの見地は、どこから来ているのだろうか。レーニンは国家の死滅と国家の完全な死滅とを区別する見地を示しているが、これも同様である。

なぜこのような相違が生じたのか。それは、第一段階の分配問題でマルクスが用いた「ブルジョア的権利」についてのレーニンの誤った解釈から生じている。さらにまた、分配上の問題を国家問題、プロ独裁問題にもち込んだところから生じている。

2 「ブルジョア的権利」とは何か

マルクスは、『ゴータ綱領批判』の他の箇所で、ラッサールのいう「公正な分配」という非科学的見解を批判した。そこでマルクスは「ブルジョア的権利」という文言を用いている。

共産主義の第一段階の社会では、完全に「公正な分配」はまだ実現できない。分配は、労働に応じた分配の準則にもとづいて行われる。等しい量の労働に等しい量の生産物の分配という準則である。この準則は、等価物の交換という商品交換の準則と同様である。等価物の交換をマルクスは「ブルジョア的権利」と称しているのである。

レーニンはこの「ブルジョア的権利」問題に異状ともいえる関心を示した。そして「ブルジョア的権利」下で生じる分配上の差異・不平等の問題を第一段階の分配の主要な問題にまで引上げたのである。ここに、レーニンの誤りの根源がある。

第一段階の社会では、社会の成員の間に分配上の差異・不平等が社会の一部に生じる。なぜか。もともと人間の労働能力には差異があり、社会の労働可能な成員がみな同じ労働能力をもち合わせているわけではないからである。

ある人は生れつき労働能力が高く、ある人は低い。労働能力が同等であっても、ある人は家族持ちである人は独身であるなど、結果として分配上には差異・不平等が生じる。

このような分配上の差異・不平等をどのようにみなすのかという問題である。つまり、この差異・不平等ははたして第一段階の分配上の主要な問題なのかという問題である。

レーニンは、この差異・不平等を社会の分配上の主要な問題とみなしている。レーニンの観点は、「しかし、国家はまだ完全に死滅したわけではない。なぜなら事実上の不平等を是認する「ブルジョア的権利が依然として保護されているからである」という叙述によく表現されている。

第一段階の労働に応じた分配から生じる差異、不平等という問題は、主要な問題ではなく、副次的問題である。主要な側面は、分配が労働の量に応じて行われるという点である。分配上の差異がまだ部分的に残るという問題は、副次的な側面の問題である。レーニンはこの副次的問題を主要な問題とみなし、さらには、これを理由にプロ独裁の国家の存在を主張しているのである。

第一段階で実現される協同社会は、資本主義的生産関係が廃棄された社会である。そこには、もはや人による人の搾取という問題は存在しない。社会の成員はみな生産者になっている。プロレタリアートも生産者にかわっている。人々は労働に応じた分配を受ける。分配上で社会の一部に派生する差異・不平等は、協同社会の社会的生産力が高まれば、自ずから解決される問題である。そこには、もはや「労働の基準と消費の基準に対する、社会と国家の厳重な統制を要求」する必要などないのである。協同社会の成員たちは、相互秩序の精神にもとづいて、この派生的な差異・不平等を、もし必要ならば、社会政策上の家族扶養費などの手段を用いて容易に解決していけるのである。レーニンは、共産主義の第一段階の社会を実質上、階級矛盾と階級対立が存在する社会とみなしているのである。

ここに展開されているレーニン的見地を延長していけば、国家の半永久化と「国家社会主義」の見地が見え隠れしてくる。後のスターリン政治体制は、ほとんどヒットラーの「国家社会主義」と異なるところはなかった。

マルクスは、ラッサール批判ののち、分配問題についての自戒的述懐を述べている。分配の問題を論じる際には、誰が生産手段を握っているかという所有制の根本問題から離れてはならないということである。レーニンは「ブルジョア的権利」問題に深入りして迷路に陥り、ついにはマルクスとは反対の見地に到ったのであった。

マルクスの自戒的述懐とは、次のようである。

「以上にのべたことをべつにしても、総じていわゆる分配のことで大さわぎをして、それに主要な力点をおいたのは、誤りであった。

いつの時代にも消費資料の分配は、生産諸条件そのものの分配の結果にすぎない。しかし、生産諸条件の分配は、生産様式そのものの一特徴である。たとえば、資本主義生産様式は、物的生産諸条件が資本所有と土地所有という形ではたらかない者のあいだに分配されており、これにたいして大衆は人的生産条件すなわち労働力の所有者にすぎない、ということを土台にしている。

生産の諸要素がこのように分配されているときには、今日のような消費資料の分配がおのずから生じる。物的生産諸条件が労働者自身の協同的所有であるときには、おなじように、今日とはちがった消費資料の分配が生じる。分配を生産様式から独立したものとして考察しとりあつかい、したがって社会主義をおもに分配を中心とするもののように説明するやりかたは、俗流社会主義がブルジョア経済学者から（そして民主主義派の一部がさらに俗流社会主義から）うけついだものである。」

レーニンは、俗流社会主義の観点に陥らなかったであろうか。

3　エンゲルスの手紙とマルクスとの共同提案

『ゴータ綱領批判』には、二つの手紙がある。一つはエンゲルスのベーベルあての手紙（一八七五年三月二十八日付）であり、もう一つはマルクスのブラッケあての手紙（一八七五年五月五日付）である。二つの手紙は、レーニンが『国家と革命』で詳細に論じているように、レーニンのプロ独裁論に大きな影響を及ぼした。

ここでは、二つの『ゴータ綱領批判』が執筆されるに到った当時のドイツの事情を簡単にふれ、次にそれぞれの国家問題についての該当部分を引用・検討する。

アイセナッハ派指導部は、当時、ドイツのラッサール派との合同の話し合いを進めていた。しかし、かれらはその件については、マルクスとエンゲルスに何も知らせてはいなかった。そこへ突然ゴータ綱領草案が発表されたのであった。しかも、草案の内容は非常に問題の多いものであった。マルクスとエンゲルスは、党を堕落させるこのような草案による党の合同には反対であった。

そこで両者は相談のうえ、エンゲルスはA・ベーベル宛に、マルクスはW・ブラッケ宛にそれぞれゴータ綱領批判の書簡を書き、アイゼナッハ派指導部への回覧を要望したのだった。エンゲルスの書簡には、国家問題についてのマルクスとの重要な共同提案が提示されていた。

重要な書簡なので、まずエンゲルスの書簡から国家問題に関する該当部分を引用・検討する。

「国家にたいするこうしたおしゃべりは、いっさいやめるべきです。ことにもはや本来の意味の国家ではなかったコンミューンのあとでは、なおさらそうです。すでにブルードンを批判したマルクスの著書『哲学の貧困』や、その後の『共産党宣言』が、社会主義的社会制度が実施されるとともに国家はおのずから解体し消滅する、とはっきり言っているにもかかわらず、われわれは「人民国家」のことで、無政府主義者からいやになるほど責めたてられてきました。

けれども、国家は、闘争において革命において、敵を暴力的に抑圧するために用いる過渡的な施設にすぎないのですから、自由な人民国家をうんぬんするのは、まったく無意味です。プロレタリアートがまだ国家を必要とするあいだは、自由のためにではなく、その敵を抑圧するために必要とするのであって、自由を論ずることができるようになるやいなや、そのものとしての国家は存在しなくなります。だから、われわれは、国家と書いているところは、どこでも『共同社会』（ゲマインウェーゼン）という言葉と置きかえるように提議したいと思います。この言葉は、フランス語の『コンミューン』にじつにぴったり相当する、昔からの良いドイツ語です。」

エンゲルスの手紙については、二点ふれる。

一つは、「社会主義的制度が実施されるとともに、国家は自ずから解体し消滅する」と明解に述べていることである。つまり、社会主義への過渡期の完了とともに国家は死滅するとはっきり述べられている。エンゲルスの批判は簡明である。ここには、レーニン的見地は見出せない。

二つは、マルクスとの協同提案に関する部分である。

マルクスとエンゲルスは、ドイツにおける国家への迷信的崇拝がアイゼナッハ派をも冒しはじめていることを憂慮し、将来の国家に関する部分について、今後は、「ゲマインウェーゼン」又は「コンミューン」に変えるよう提議している。この提議は、プロ独裁についても、「もはや本来の意味の国家ではなかった」のだから、以後これに国家という名称を付けるのは止めようという思い切った提議であった。

ここに、われわれは、プロ独裁国家についてのマルクスとエンゲルスの基本的な考えをかいまみることができる。かれらはけっして「国家びいき」ではなかったのである。

マルクスとエンゲルスのプロ独裁問題についての共同提案は、アイゼナッハ指導部によって事実上無視された。レーニンは二つの手紙について、誤った解釈を示した。一方は、プロ独裁はもはや本来の意味の国家ではないから、国家というのは止めようと提案する。他方で、レーニンは、過渡期が完了した後の将来のアソシエーション社会にもプロ独裁国家が存在すると主張する。両者は対照的な相違を示すのである。

4　マルクスの手紙・『ゴータ綱領批判』——三つの問題について

次に、マルクスの手紙にうつろう。エンゲルスの手紙にくらべてマルクスの手紙は、少し難解である。マルクスは、ゴータ綱領の批判にかこつけて、将来の社会とその発展について、また将来の社会の発展と国家との関連の問題について、自らの考えを被歴しようとしているからである。

「ところで、綱領はなんとでたらめに『今日の国家』、『今日の社会』という言葉を乱用し、また自分の要求をむけているその国家について、いっそうでたらめな誤解をよびおこしていることだろう！

『今日の社会』とは資本主義社会である。それは、中世的なまぜものから多かれすくなかれ解放され、それぞれの国の特殊な歴史的発展によって多かれすくなかれ修正され、多かれすくなかれ発展した形ですべての文化国に存在する。これに反して、『今日の国家』は国境につれて変化する。それは、プロシア＝ドイツ帝国とスイスとではちがっており、イギリスとアメリカ合衆国とでは違っている。だから、『今日の国家』は一つの擬制である。

けれども、いろいろの文化国にある種々ちがった国家は、その形態はいろいろ雑多であるにもかかわらず、近代ブルジョア社会の地盤のうえにたっている点ではみな共通しており、ただこの社会の資本主義的発展の度合に大小の差があるだけである。だから、それら国家はまた、ある本質的な性格を共通にもっている。この意味でわれわれは、それの今日の根底であるブルジョア社会が死滅した将来と対比して、『今日の国家組織』について論じることができるのである。

そうすると、問題になるのは、国家組織は共産主義社会ではどんなふうにかわるのか、ということである。いいかえれば、そこでは今日の国家機能に似たどんな社会的機能がのこるか、ということである。この問題には科学的にこたえるほかはなく、人民という言葉と国家という言葉を千度もむすびあわせたところで、蚤の一跳ねほども問題に近づきはしないのである。

資本主義社会と共産主義社会とのあいだには、前者から後者への革命的転化の時期がある。この時期に照応してまた政治上の過渡期がある。この過渡期の国家は、プロレタリアートの革命的独裁でしかあり得ない。

ところで綱領は、この後者（プロレタリアートの革命的独裁のこと――引用者）についても、共産主義社会の将来の国家組織についても、何もふれてはいない。」

右のマルクスの手紙の引用部分には、国家問題についてのマルクスの見解が凝縮して表現されている。この中から特に三つの問題をとりあげる。

①　政治上の過渡期とはいかなる時期を指すのか

プロレタリアートが政治権力を獲得しても、ただちにマルクスのいう共産主義社会が実現されるわけではない。そこには、共産主義社会の実現にいたるまでの一定の過渡期が存在する。マルクスはその道理を「資本主義社会と共産主義社会とのあいだには、前者から後者への革命的転化の時期がある。この時期に照応してまた政治上の過渡期がある」と述べている。

過渡期を問題にする場合には、なにからなにへの過渡期なのかを明確にしなければならない。ここでは、資本主義社会から共産主義社会への過渡期を指していわれていることは明白である。問題となるのは、マルクスのいう共産主義社会という文言の意味である。この共産主義社会とは、広義の共産主義社会（その第一段階が社会主義社会といわれる）を指すのか、それとも狭義の高度な共産主義社会（第一段階の共産主義社会が発展して高度な共産主義社会に至る）を指すのかが、重要な問題となる。ここで言われている過渡期とは、共産主義の第一段階すなわち社会主義社会への過渡期であることを明確にしておきたい。高度な共産主義社会への過渡期を指すというレーニン的解釈については後論する。

この過渡期は「革命的転化の時期」といわれているが、プロレタリアートはこの時期に何を行うのであろうか。それは、社会の経済的土台の根本的改造である。プロレタリアート独裁のもとで、社会構造の根本的改造が行なわれる。そのもっとも根本となるのは、生産手段の私的所有制の改造である。ブルジョアジーが支配階級として資本主義社会に君臨しているのは、かれらが生産手段を所有しているからである。

まず、ブルジョアジーからの生産手段の没収が行われる。続いて、小所有者（農民や都市の小営業者）の社会的改造が行われる。農民など小所有者の改造は、実際上の利益と農民たちの自主性にもとづいて行なわれるべきというエンゲルスの忠言を考えると、ブルジョアからの生産手段の没収よりも長期の期間を要することがわかる――農民の集団化は、互助組からはじまっていくつかの段階を経て高級合作者に至る。しかし、集団所有制はまだ全人民的共有制への過渡期段階であり、共有制への移行ではない。スターリン主義者は集団所有制への移行をもって、過渡期完了の指標としたのであった――。

生産手段の私的所有制の全人民的共有制への移行によって、社会からいっさいの階級と階級差異が消滅する。社会の成員はみな生産者に転化する。プロレタリアートも自己の歴史的使命を終えて消滅する。階級の消滅にともなって、階級対立の非和解性の産物としてのプロ独裁国家も消滅する。社会にはもはや抑圧すべき階級は消滅しているからである。資本主義的生産関係は、過渡期を通じて、次第に社会主義的生産関係・アソシエーション（協同社会）へと転化していくのである。

このようにみると、共産主義社会への過渡期完了の指標には、次の二つの指標があげられるであろう。一つは、生産手段の私的所有制の消滅にともなう、いっさいの階級と階級差異の消滅である。二つには、プロ独裁国家の消滅である。歴史上の階級社会は、この過渡期完了をもって終り、社会は無階級のアソシエーション（協同社会）へと移行していくのである。

以上のことから、資本主義社会から共産主義社会への過渡期とは、階級社会から無階級社会へと社会が根本的に変革される特殊な歴史上の時期であるということができる。

「政治上の過渡期」の国家であるプロ独裁は、もはや「本来の意味の国家」ではなかった。それは階級の廃絶をめざすために一時的に必要とされた。それは多数者の国家であり、「半国家」であった。マルクスとエンゲルスは、国家の迷信的崇拝を防ぐために、プロ独裁についてもはや国家と呼ぶのは止めようと提案していたほどである。いずれにしても、過渡期国家としてのプロ独裁は、過渡期完了とともに消滅するのである。

ここに至って、「政治上の過渡期」を高度な共産主義社会への過渡期とみなすレーニン流の解釈が誤りであることは、自明であろう。それは、マルクスのいう「政治上の過渡期」が階級社会から無階級社会への革命的転化の時期であり、社会変革上の特殊な時期であることをとり払ってしまうのである。

② 共産主義の第一段階と高度な段階について

マルクスは『ゴータ綱領批判』において、将来の広義の共産主義社会をその第一段階と高度な段階とに区分している。そして、それぞれの段階の特徴について特別の洞察を行っている。その洞察は、分配問題を中心にしているとはいえ、われわれが将来社会の発展を考察する際には、きわめて貴重である。

第一段階の特徴について。

「生産手段の共有に基礎をおく協同社会の内部では、生産者はかれらの生産物を交換しない。同様にここでは、生産物についやされた労働が、この生産物の価値として、すなわち生産物のもっている物的性質として、あらわれることもない。なぜなら、いまでは、資本主義社会とはちがって、個人の労働は、もはや間接にではなく直接に総労働の構成部分として存在しているからである」

「ここで問題としているのは、それ自身の基礎のうえに発展した共産主義社会ではなくて、反対に、資本主義社会からうまれたばかりの共産主義社会である。この共産主義社会には、あらゆる点で、経済的にも道徳的にも精神的にも、この社会がでてきた母胎である旧社会の母斑がまだくっついている。」

「ここではあきらかに、商品交換が等価物の交換であるかぎりでこの交換を規制しているものと同じ原則が支配している。内容と形式は変化している。この変化した事情のもとでは、だれも自分の労働のほかにはなにもあたえることができず、また他方では、個人的消費資料のほかにはなに一つ個々人の所有となることができないからである。」

「すべてこういう欠陥を避けるためには、権利は平等ではなく、不平等でなければならないだろう。

しかし、こうした欠陥は、ながい生みの苦しみののち資本主義社会からうまれたばかりの共産主義社会の第一段階では、避けることができない。権利は、社会の経済的構成およびそれによって制約される文化の発展より高度のものには、けっしてなることができない」

共産主義社会の高度な段階について。

「共産主義社会のより高度な段階で、個人が分業に奴隷的に従属することがなくなり、それとともにまた精神労働と肉体労働との対立が消滅したのち、労働が生きるための手段であるだけでなく、それ自体第一の生活欲求となったのち、個人の全面的な発展にともなって生産力も増大し、協同的富のすべての源泉がいっそう豊かにわきでるようになったのち――そのときはじめてブルジョワ的権利の狭い地平線を完全にふみこえることができ、社会はその旗にこう書くことができる――各人はその能力に応じて、各人にはその欲望に応じて！」

右において、マルクスは共同社会の発展について述べている。レーニンとの相違点についていえば、マルクスが資本主義社会と共産主義社会との境界線を過渡期完了の二つの指標に置いたのにたいして、レーニンは高度な共産主義社会に置いていることである。プロ独裁国家は高度な共産主義社会に至るまで存在するという見解は、レーニン独自のものであり、マルクスにはまったくないのである。

③「共産主義社会の将来の国家組織」について

「共産主義社会の将来の国家組織」という文言は、マルクスが用いたものである。

マルクスは、『ゴータ綱領批判』のなかで資本主義社会の「今日の国家組織」と「共産主義社会の将来の国家組織」とを対比している。しかも、それを両者の経済的土台を対比することによって行っている。

資本主義諸国の国家は、ある共通の属性をもっている。階級抑圧という属性である。支配階級は自らの支配を維持するためには、階級抑圧のための国家権力をもたなければならない。ブルジョアジーによる階級支配の基礎は、かれらによる生産手段の所有にある。

ところで、共産主義社会の将来の社会では生産手段の所有制は私的所有から社会的所有（全人民の所有）に替っており、階級といっさいの階級差異は消滅している。このような経済的土台のうえに、資本主義社会と同様の階級抑圧の国家が存在するであろうか。存在しえないことは明白であろう。このように、両者の経済的土台の対比を通じて、マルクスは将来のアソシエーション（協同社会）には、国家権力というものは存在しないことを明白にしたのであった。

マルクスは、さらに続けて、将来の共産主義社会と国家との関係について述べている。

「この意味でわれわれは、それの今日の根底であるブルジョア社会が死滅した将来と対比して『今日の国家組織』について論じることができる。

そうすると、問題になるのは、国家組織は共産主義社会ではどんなふうにかわるのか、ということである。いいかえれば、今日の国家機能に似たどのような社会的機能がのこるのかということである。」

マルクスは、「この問題には科学的にこたえるほかはなく、人民という言葉と国家という言葉を千度も結び合わせたところで、蚤の一跳ねほども問題に近づきはしない」と述べるだけで、それ以上は説明していない。ヒントはマルクスが「今日の国家機能に似たどんな社会的機能がのこるのか」という叙述部分にある。

資本主義社会の国家はみな二重性をもっている。一つは階級抑圧の機能であり、もう一つは社会的機能である。社会的機能とは、社会が存続していくために必要とされる諸機能である。今日で言えば、社会の存続のために必要な簿記や記帳であり、インフラや諸々の社会保障制度である。支配階級は階級抑圧の国家を必要とするが、自らの階級支配を存続させるためには、最低限でも社会の存続に必要な「社会的機能」をはたさなければならない。

共産主義社会への移行とともに、階級抑圧の国家は消滅し、社会的機能だけが残るのである。マルクスはここで、国家死滅についての自らの考えを述べているのである。

「共産主義社会の将来の国家組織」とは、マルクスが今日の国家と対比する必要から用いた仮の用語である。そして、その変容の内容は、国家の二重性のうち階級抑圧の機能は消滅し、社会的機能だけが残るということで言いあらわされている。

マルクスの「共産主義社会の将来の国家組織」という文言について、レーニンはこれをどのように理解したであろうか。『国家と革命』の第五章「国家死滅の経済的基礎」において、レーニンは次のように述べている。

「第五章　国家死滅の経済的基礎

マルクスは、彼の『ゴータ綱領批判』(一八七五年五月五日づけでブラッケにあてた手紙。これは、一八九一年にはじめて『ノイエ・ツァイト』、第九巻、第一号に発表され、ロシア語では単行本として出版されている)のなかで、この問題を非常にくわしく解明している。この注目すべき著作の論戦的な部分は、ラッサール主義の批判であるが、それはこの著作の積極的な部分、すなわち共産主義の発展と国家の死滅との関連の分析を陰でおおっているとも言える。

一　マルクスの問題提起

一八七五年五月五日づけのブラッケあてのマルクスの手紙と、さきに考察した一八七五年三月二十八日づけのベーベルあてのエンゲルスの手紙とを、表面的に比較すると、マルクスはエンゲルスよりもはるかに『国家びいき』で、両著作者の国家観の相違はきわめていちじるしいように見えるかも知れない。

エンゲルスは、国家についてのおしゃべりをまったくやめ、国家という言葉を『共同社会』という言葉ととりかえて、綱領から国家という言葉を完全に放逐するように、ベーベルにすすめている。エンゲルスは、コンミューンはもはや本来の意味の国家ではなかったとさえ言明している。ところが、マルクスは、『共産主義社会の将来の国家組織』さえうんぬんしている。すなわち、共産主義のもとでさえ国家が必要であることをみとめているようである。

しかし、こうした見解は、根本的に誤りであろう。いっそうくわしく考察すればわかるように、国家とその死滅についてのマルクスとエンゲルスの見解は完全に一致していて、マルクスの前記の表現は、まさにこの死滅しつつある国家組織をさしているのである。」

マルクスは、「共産主義社会の将来の国家組織」という文言を用いたが、それは、将来の共産主義社会には資本主義社会と同様な階級抑圧の国家は存在しないことを立証するためであった。ところがレーニンは、マルクスが存在しないと言っているものを、存在すると強弁しているのである。そして、「マルクスの前記の表現は、まさにこの死滅しつつある国家組織をさしている」と述べている。

マルクスによれば、「死滅しつつある国家組織」とは、「本来の意味の国家」と同様に政治上の過渡期の国家、すなわちプロ独裁の国家についての別の表現である。ここに至って、レーニンの見解は完全に破綻している。

レーニンの『国家と革命』の礎となった『国家論ノート』（大月書店）には、『ゴータ綱領批判』についてのレーニンの評注が三一頁から三七頁にわたってみられる。特に三六頁―三七頁には、「共産主義社会の将来の国家組織」についてのレーニンの評注がみられる。残念ながら引用困難なので、関心のある方は直接原典を参照されたい。

マルクスの『ゴータ綱領批判』と「共産主義社会の将来の国家組織」の問題は、一九六〇年代の中ソ両国の国際論争で再びとりあげられることとなった。（注1）

（注1）中国共産党は自己の見解を『国際共産主義運動の総路線についての論戦』（北京：外文出版社）とし

て発表した。特にその（九）評といわれる論文「フルシチョフのエセ共産主義とその世界史的教訓」（一九六四年七月一四日、北京外文出版社）は、共産主義社会の将来の発展と国家との関連について言及したものとして、注目された。

発端は、ソ連共産党が「全人民の国家」論をうち出し、その論拠をマルクスの『ゴータ綱領批判』における有名な文言『共産主義社会の将来の国家組織』に求めたからである。プロ独裁国家のあとに「全人民の国家」があり、死滅するのはこの「全人民の国家」であるという。そして、今日のソ連国家はこの「全人民の国家」に該当するという。『全人民の国家』＝『共産主義社会の将来の国家組織』というわけである。まことに珍妙な『ゴータ綱領批判』についての解釈見解で、スターリン主義者の知的劣化ぶりを公表したものであった。

これにたいして中国共産党は当然にも反論した。その立場とは、ほとんど『ゴータ綱領批判』にたいするレーニンの解釈見解に立脚するものであった。

中国共産党は、その立場をもっとはっきりと表明していた。

「プロレタリアート独裁は資本主義から共産主義の高い段階への過渡期の国家であり、人類史上の最後の国家形態である」(同上、四九九頁)

右において、過渡期は「共産主義の高い段階」までの時期とされ、プロ独裁国家はこの時期全体にわたって存在することがはっきりと表明されている。ところで、マルクスのいう「共産主義社会の将来の国家組織」については、中国共産党は何もふれなかった。

中ソ論争は、中ソ両国共産党が自らをマルクスに依拠した党であるかのごとく偽装した言わばニセモノ同士の論争であった。

中ソ論争の後をうけて毛沢東の「継続革命」論なるものが、中国共産党の側から喧伝された。社会主義社会に階級と階級があり、高度な共産主義社会に至るまで、プロ独裁を堅持し、階級闘争を続けなければならないという「理論」である。それは、プロ文革の指導理論とされた。このような「理論」が当代の「マルクス・レーニン主義」の最高峰とされたのであった。

マルクスの科学的社会主義の理論は、二十世紀のスターリン主義によって乱暴なまでにじゅうりんされたのであった。

補論2　プロレタリア政党の組織路線の再検討について

1　「民主集中」制の本質は、中央集権主義である

プロレタリアートの解放をめざすプロレタリア政党は、どのような組織路線に基づくべきか。この問題は、いま一度考察されるべき重要問題ではなかろうか。

ロシア革命以後、ボルシェビキ党の「民主主義的中央集権主義」（民主集中制と云われる）の組織路線が、コミンテルンを通じて世界に伝播された。世界で最初に社会主義の扉を開いた党の組織路線だからとして、人々は多くこの組織路線を無条件的に受け入れてきた。

しかし、次のような疑問が出てくる。レーニンのいう中央集権主義路線に基づくプロレタリア政党が、マルクスのいう「各人の自由な発展が万人の自由な発展の条件であるようなアソシエーション（協同社会）」を果して実現できるのであろうか、という疑問である。

ボルシェビキ党からはじまって、東欧諸国、中国、ベトナムなどの諸国共産党は、権力奪取には成功したが、その後みな軒を並べて「国家社会主義」への道を進み、アソシエーションへの道には進まなかった。

これら諸国の党は、プロ独裁をかかげながら民主主義を抑圧し、人民を抑圧する党組織へと変

質したのであった。なぜそうなったのか。重要な要因として民主集中制の党組織路線の問題がある。

マルクスのアソシエーション（協同社会）とは、民主主義に基づく、各人の自由な発展にもとづく社会である。一人ひとりの自由な発展が基礎であり、そこから社会が成り立つ。その逆ではない。このような真に自由で民主主義的な社会を、民主主義を排斥する民主集中制の党が建設できるであろうか。それはできない。二〇世紀の社会主義運動の圣験がそのことを示している。

2　中央集権主義路線と労働者民主主義の路線は、相異なる別々の組織路線である

ボルシェビキ党の組織路線は、中央集権主義と労働者民主主義を両義とする路線だといわれてきた。民主もあれば、集中もあるといわれてきた。しかし、この路線下では、経験が示すように、中央集権が本質であり、民主は飾り物にすぎない。両者の対立が鋭くなれば、必ず中央集権主義が党内民主主義を排除するのである。

ボルシェビキ党の前身であるロシア社会民党党内では、中央集権主義の路線と労働者民主主義を主張する路線とが、絶えることなく対立闘争をくり返してきた。ある時はレーニンの中央集権主義が優勢になり、またある時は労働者民主主義の路線が優勢となった。このような背景のもとで、レーニンとトロツキーの組織路線をめぐる対立も生じたのであった。

しかし、当時は、一方が他方を排除することはなかった。このような組織路線上の対立を残し

たまま、ボルシェビキ党はツァー専制打倒の革命に勝利したのであった。

権力奪取後もボルシェビキ党内の二つの組織路線の対立は続いた。内戦期には官僚主義がはびこり、党内の労働民主主義の作風と活動が圧縮されたため、労働者民主主義の要求が強まり、一九二一年の一〇回党大会時には、平時には労働者民主主義を党建説の主軸にするという路線が決議されたのであった。しかし、同大会には、レーニンによって分派禁止令も臨時措置として決議された。

分派禁止令は、二つの組織路線の共存を許さない党建設上の重大な契機となった。ひとたび中央集権主義者が支配権をにぎるに至ると、分派禁止令は意外なほどの効力を発揮することになった。党内の異論は許されなくなった。党内反対派の存在は許されなくなったのであった。

3　労働者民主主義の組織路線

党内労働者民主主義の路線は、党の重要な決定にたいする党員の積極的な参加と決定の実行にたいする党員の革命的能動性を基礎とする。決定にたいする反対意見や少数意見は尊重され、留保される。決定が誤った場合は、党は誤りとその原因を総括し、誤りを早急に改めなければならない。

このような党内民主主義の発揚により、党は比較的に正しい政治路線を歩むことが可能となる。党の政治路線や政策にも重要な誤りがある場合がしばしば起る。誤りが明確な場合には、ただちに誤りを改めなければならない。ところが、中央集権路線下で党内民主主義が存在しなくなれば、党の誤りは是正されることはない。スターリン主義下でのスターリンの路線・政策は最後まで続いた。毛沢東も同じ道をたどった。この路線下では破綻するまで是正の仕様がないからである。

４　プロレタリア政党は何故必要か

われわれはいま一度マルクスに立ち返り、プロレタリア民衆は何故プロレタリア政党を必要とするのか、を明確に認識する必要があるだろう。

マルクスはプロレタリア政党の必要性について、『国際労働者協会一般規約』のなかで、次のように述べている。

「有産階級の集合的な力とたたかう際、プロレタリアートは、有産階級のつくったふるい政党の全部に対立する別個の党に自分を組織することによってのみ、階級として行動することができる。

このようにプロレタリアートを一つの政党に組織することは、社会革命とその終局目標である階級の廃止との勝利を確保するのに、欠くことのできないものである」

プロレタリアートは自らの解放をかちとるためには、「有産階級の集合した力」にたいして自らの階級の力で対応しなければならない。

プロレタリア政党と他の政党との根本的相違点はどこにあるか。それは、この党が生産手段の私的所有制の廃絶＝階級の廃絶という目標をかかげ、そのための社会革命の必要を説いていることである。

このような立場から、プロレタリア党は、反政府的立場を表明するあらゆる党派を支持する。この党は、右のような立場から、セクト主義を排し、団結できるすべての勢力を結集しひと握りの敵に反対するという方策をとる。このような政策こそ、無私のプロレタリア的なものである。

この党は、民族主義ではなく、プロレタリア国際主義の立場に立つ。プロレタリアートに国境はない。人種差別を排し、外国人労働者に門戸を開き、ともに協同社会の建設をめざすのである。

もう一つ、プロレタリア党の特質がある。それは、この党が所有制の廃絶＝階級の廃絶とともに、プロレタリア階級も無くなり、必然的にプロレタリア政党も消滅することをあらかじめ宣言していることである。マルクスは次のように述べている。

「プロレタリアートは……ふるい生産関係とともに、階級対立の存在条件、階級一般の存在条件をも廃止し、したがって、階級としての自分自身の支配を廃止する」

われわれはいまこの原点に立ち返らなければならない。

われわれは、複数主義の立場をとる。プロレタリア政党は一国に一つだけというのは、コミンテルン下のドグマである。プロレタリア政党もいくつかあって当然であり、その他の諸政党もいくつもあって当然である。諸党派は自らの政綱を大衆に訴えるべきであり、大衆はそれらのなかから選択肢を見出す。プロレタリア政党が民衆の支持を得られない場合は、どこかに欠陥があるからである。

一国一党主義のスターリン主義は、凄惨な内ゲバを誘発し、正当化した。異論の存在を許さない党規律は、異論の封殺から異論の撲滅へとすすんだ。このような非プロレタリア的蛮行には、大衆は背を向けた。内ゲバの源流はスターリン主義にあることが自覚されるべきであろう。

5　陳独秀の革命的遺志を継承する

陳独秀は、腐敗、堕落したコミンテルン下のスターリン主義に反対し、中国共産党に替る新しいプロレタリア党の建設をめざした。しかし、かれは志し半ばにして逝去した。

陳独秀亡きあと、中国民衆の闘争は止むことなく続いた。五五万人をこえる「右派分子」の反逆、『星火』同人たちの決死の闘争、プロ文革下での紅衛兵によるコンミューンをめざした巨大な闘争、魏京生らの『探索』にみる反政府宣言、そして一九八九年六月四日の民主化を要求する民衆の血の叫び。これら民衆の決死の闘争も共産党政権の鉄鎚で打ち砕かれてしまった。敵の集合的な力にたいして、民衆の側の力は分散し、民衆の巨大なエネルギーと力をもって敵にあたることができなかったからである。民衆の側がプロレタリア政党をもたず、互いに連携し協同して敵に当ることが出来なかったからである。これは、中国人民のこの百年らいの闘争からくみとるべき重要な教訓である。

一九一七年から二七年までの中ソ両共産党の年表

ロシア共産党

一九一七年（大正6）

2・23　二月革命（〜・28）。

4・3　レーニン帰国、「四月テーゼ」発表。

5・4　トロツキー帰国、ボルシェビキ支持を表明する。

6・3　第一回ソビエト大会。

8・　レーニン、『国家と革命』を執筆（〜9）。

9・　ボルシェビキ、ペトログラード、モスクワのソビエトで多数派となる。

10・23　ロシア一〇月社会主義革命（11・7）、ソビエト政府樹立。

10・25　第二回ソビエト大会。「平和についての布告」、「土地についての布告」、人民委員会議成立（〜・26）。

11・17　ボルシェビキとエス・エル左派のブロック結成。

一九一八年（大正7）

1・6　憲法制定会議解散。

中国共産党

一九一七年

・一九一七年十月のロシア革命が世界に及ぼした影響は甚大であった。ソビエト政権による「平和についての布告」「土地についての布告」、および翌年の「勤労被搾取人民の権利の宣言」は、世界の被抑圧人民・被抑圧民族に大きな影響を及ぼした。

・一九一九年七月には、第一次カラハン宣言が発せられた。宣言は「帝政ロシアが中国から奪った利権を無償で返還し、秘密条約を一切放棄する」とした。

・カラハン宣言が中国に及ぼした影響は大きく、それは様々の方面で以後の中ソ関係に反映する。

1・10　第三回ソビエト大会。「勤労被搾取人民の権利の宣言」発表（〜・18）。
3・5　ブレスト・リトフスク平和条約の調印。
3・14　エス・エル左派、政権から脱退。
4・5　日本軍、ウラジオストークに上陸。
7・6　エスエル左派の反乱。
8・　外国の干渉と内戦はじまる。
8・30　レーニン狙撃される。
11・　第一次世界大戦終結、ドイツ革命敗北。

一九一九年（大正8）

3・2　コミンテルン第一回大会（〜・7）。
3・18　ボルシェビキ党第八回大会（〜・23）。
3・21　ハンガリー革命。

一九二〇年（大正9）

3・29　ボルシェビキ党第九回大会（〜4・5）
7・19　コミンテルン第二回大会（〜8・7）。
12・　内戦終結。

一九二一年（大正10）

1・　労働組合論争（〜2・　）。
2・27　グルジアのメンシェビキ政権を追放。ボルシェビキ政権に替る。

一九二〇年

4・　コミンテルンの使者・ヴォイチンスキーが訪華。李大釗、陳独秀に会い、中国共産党創立を要望。

一九二一年

7・23　中国共産党創立。総書記・陳独秀。中国共産党の創建は、中国労働者運動と農民運動の巨大な発展の基点となった（〜・31）。

3・1　クロンシュタットの反乱。
3・8　ボルシェビキ党第一〇回大会。ネップ採用決定、「党建設について」、「党の統一について」の重要決議（〜・16）。
レーニン、「分派禁止令」を提出。
6・22　コミンテルン第三回大会。統一戦線戦術採用（〜7・12）。
12・　レーニン病む。

一九二二年（大正11）

1・21　極東勤労者（諸民族）大会開催（〜2・2）。
1・　レーニン、病気療養のため、ゴールキ村で六週間休養（〜2・）。
3・6　レーニン、ゴールキ村で休養（〜・25）。
3・27　第一一回党大会。スターリン書記長に就任（〜4・2）。
5・15　レーニン、外国貿易の国家独占を政治局で再確認するよう、スターリンあて書簡。スターリン抵抗。
5・22　政治局、レーニンの要求を確認。
5・25　レーニン最初の発作、局部的に不随、会話に支障。

一九二二年

・一月に開催された極東勤労者（諸民族）大会には、中国から三〇名以上の各方面の代表が参加した。
・労働者運動の発展
労働者運動は二二年から翌二三年三月まで第一次の高揚期を迎える。この一年間に、海運、紡績、鉄工、鉄道などの諸部門で労働者は百余のストライキを挙行。参加人員は三〇万人を数えた。
・二二年五月に開催された第一回全国労働大会には、十二の都市から百余の組合、二〇万の労働者を代表して百六十二名が集まり、全国総工会の結成準備を決議した。
・労働者運動の発展は、二五年の五・三〇運動へと

6・ レーニン病状回復（中旬）。
8・10 政治局、ロシア共和国とその他共和国との国家同盟を検討する委員会の設置を決定。
8・11 スターリンを長とする委員会設置。スターリン「自治共和国化」案を起草。
9・15 グルジア党中央委員会、スターリンの「自治共和国化」案を拒否。
9・21 レーニン、労農監督部問題について、スターリンと会談。労農監督部への批判を強める。
9・22 レーニン、諸共和国の同盟問題についての決定と情報・資料の提供を、スターリンに要求。
9・24 スターリンの委員会、「自治共和国化案」を採決。
9・25 委員会の資料、スターリンからレーニンへ送られる。
9・26 国家同盟の問題で、レーニン、スターリンと会談。レーニン、カーメネフあて書簡、国家同盟についての見解を提出。
9・27 レーニン、グルジアのムディヴァーニと国

引き継がれる。

・二五年の五・三〇運動とは、上海に進出した日本企業が、中国人労働者を惨殺し、多数の負傷者を出した事件に端を発す。

この事件で世界を驚かせたのは、労働者の団体・全国総工会（代表・李立三）が上海および全国のゼネストを指導したことであった。

総工会は、六月一日からゼネストを指令し、二十万人の上海市民が参加した。

運動はさらに全国に波及し、労働者階級の中国における指頭を全世界に示した。

・農民運動の発展

中共党員・澎湃の指導する農民協会は、二二年七月から二三年五月は六県に及び、二〇万人の農民を農民協会に組織した。

湖南省の岳北農工会は労働者の協力によって組織され、一〇万人を組織した。

北伐を機に、農民協会員は、湖南で以前の三〇万人から二〇〇万人へ、湖北では七万人から一〇〇万人へ、江西では六千人から三八万人へと増加した。

	家同盟の問題について会談。
9・28	スターリン、各政治局員へ書簡、レーニンの見解を「民族的自由主義」として非難。 レーニン、トランスコーカサスの党指導者オルジョニキーゼ、グルジア党中央委員会の三人、アゼルバイジャンのミヤスニコフと個別に会談、国家同盟問題について話し合う。
10・2	レーニン、ゴールキ村から帰り、クレムリンで活動再開。
10・6	政治局会議（レーニン欠席）、外国貿易の国家独占の制限を決定。国家同盟問題については、レーニン案を採択。レーニン、カーメネフあて書簡を送り、民族問題に関し、大ロシア民族排外主義と闘うことを表明。
10・11	レーニン、トロツキーと会う。貿易の国家独占問題、官僚主義問題について、二人の共同闘争に同意。
10・13	レーニン、スターリンあて書簡、政治局の外国貿易独占緩和についての決定を批判、再検討を要求。

農民たちは、地代引下げ、雑税廃止などを掲げ、さらには国民党の指導をのりこえ、地主からの土地没収まで要求した。

・一九二二年から二三年の三月（レーニンの政治的引退）までの期間はトロイカ（ジーヴィエフ、カーメネフ、スターリンの三人組）とレーニン・トロツキーとの対立が先鋭化してくる期間である。二二年末からレーニンは精力的に口述筆記を行う。特にスターリンについては、「大会への手紙」で書記長からの更迭を決意した。

・この期間に、コミンテルン下での中国・国民党工作が推進される。

	スターリン、政治局員あて書簡で、貿易問題に関するかれ自身の見解は、以前とかわらないことを表明。
10・21	レーニン、グルジア党指導部を批判し、オルジョニキーゼを擁護する。
10・22	グルジア党中央委員会、総辞職。
11・	オルジョニキーゼの圧政に抗議するグルジア党の要求と反撥、レーニンにも届く。レーニン、スターリン・オルジョニキーゼの指導路線への疑惑深める。
11・5	コミンテルン第四回大会。同大会でトロツキー、レーニンの依頼にもとづき、「ソビエト・ロシアの新経済政策と世界革命の展望」を報告。レーニン小冊子での刊行を提案（〜12・5）。
11・13	レーニン、コミンテルンにおける最後の演説。
11・20	レーニン、モスクワ・ソビエト会議で、最後の演説。
11・24	レーニン、グルジア問題調査委員会の構成メンバー投票に棄権。

11・25	政治局、ジェルジンスキーを長とするグルジア問題調査委員会の成立を承認。委員会は調査に向かう。
11・	オルジョニキーゼによる、ムディヴァーニの支持者カバニーゼへの、暴行事件起こる（〜11・末）。
12・7	レーニン、ゴールキ村で休養（〜・12）。
12・9	ルイコフ、調査活動から帰る。三日遅れてジェルジンスキーも帰る。
	レーニン、グルジア問題でのスターリン、オルジョニキーゼ、ジェルジンスキーの指導路線とかれらの報告への疑惑を強める。
12・12	レーニン、貿易独占問題でトロツキーと書簡を交換。中央委員会で、二人の共闘を表明するようトロツキーに要請（〜・15）。
12・13	レーニン、スターリンあて書簡。
	レーニン二度目の発作。
12・15	レーニン、スターリンあて書簡。外国貿易の独占問題について、トロツキーと協定を結び、二人の共通の見解を擁護することを表明。

12・18　中央委員会、先の貿易問題にかんする決定を取り消し、レーニンとトロツキーの見解を採択。
政治局、レーニンの治療監督の責任者として、スターリン、を決定。
12・21　レーニン、中央委員会での勝利を祝す書簡をトロツキーあてに送る。
12・22　スターリン、レーニンのトロツキーあて口述に関連して、クループスカヤ夫人を恫喝。クループスカヤ夫人、この件をカーメネフに訴える。
レーニン、発作。半身不随となる（〜・23夜）。
12・23　レーニン、遺書とよばれる「大会への手紙」を口述しはじめる。
12・24　レーニン、「日誌」の口述を医師団に要求。もし許されなければ、治療を拒否すると言明。
政治局、口述許可をあたえるが、いくつかの条件をつけ、レーニンと外部との交信を禁止する。

12・27　レーニン「ゴスプランに立法権を与えることについて」口述（〜・28）。
12・30　「少数民族の問題または『自治共和国化』の問題によせて」口述、スターリン、ジェルジンスキー、オルジョニキーゼの処分を要求（〜・31）。
12・30　ソ連邦の結成。

一九二三年（大正12）

1・　レーニン、五つの論文を口述。「日記の数ページ」（1・2）、「協同組合について」（1・6）、「わが革命について」（1・16）、「われわれは労農監督部をいかに改組すべきか」（1・23）、
1・4　レーニン、「大会への手紙」への追伸を口述、スターリンの書記長更迭を提起。
1・24　レーニン、ジェルジンスキー委員会の調査結果にかんする書類を要求、政治局書類提出をしぶる。
1・25　政治局会議、グルジア問題について、オルジョニキーゼを擁護し、グルジア党中央委員会を非難するジェルジンスキー委員会の

一九二三年

1・26　孫文・ヨッフェ共同宣言
・ソ連共産党の国共合作についての当初の考えは、党外合作であった。しかし、レーニンの戦略は次第にスターリンの戦略にすりかえられていった。
・中国共産党指導部は、一全大会では、党内合作を拒否している。しかし、コミンテルン代表・マーリンはコミンテルンの規律に中国共産党が従うべきことを主張し、中国指導部はこれに従うこととなった。
・マーリンに替ったボロディンは膨大な資金援助と軍事支援の中味のつまった鞄の中を孫文にみせ、国共合作についての孫文の同意を得た——陳独秀の証言——。

結論を承認。

2・1　政治局、ジェルジンスキー委員会の調査書類を、レーニンに提出。レーニン、内密の調査委員会をつくる。

3・2　レーニン、「量は少なくても質のよいものを」口述。

3・3　レーニンの内密の調査委員会、調査結果をレーニンに提出。

3・5　レーニン、トロツキーへの最後の書簡。民族問題について、中央委員会でレーニンの代理として、グルジア党中央委員会を弁護するよう要請。その他関連書類をトロツキーに届ける。トロツキー同意。トロツキー、関連書類をカーメネフにもみせてはどうかと、レーニンに打診。レーニン拒否。レーニン、トロツキーにたいし、スターリンの「腐った妥協」に応じないよう忠告。

3・6　レーニン、スターリンあて最後の書簡。謝罪か絶交を要求。
スターリン、レーニンへ回答、
レーニン、グルジア党指導部へ最後の書簡

・孫文は、党内合作という彼の持論は変えなかった。こうしてコミンテルンの中国国民党への尻尾主義は、事態の進行とともに深まる。
・二三年中の準備工作を経て二四年一月、国共合作の国民党が成立する。

3・10	カーメネフ、レーニンが、スターリンを政治的に粉砕する決意であることを、クループスカヤ夫人より知る。
	レーニン発作により半身不随、会話能力を失う。以後、政治活動から事実上引退。
4・17	第一二回党大会開催。レーニンの「大会への手紙」、党大会へ提出されず。民族問題についてのレーニン書簡も公開されず(〜・25)。トロツキー、「工業報告」
夏	労働者のストライキ続発。
	ゲ・ペ・ウー、「労働者集団」、「労働者の真実」などの諸グループを摘発。
	ゲ・ペ・ウー長官ジェルジンスキー、党指導部への反対者を、ゲ・ペ・ウーに告発することを党員に義務づけるよう政治局に要請。
10・	ドイツ革命、敗北。
	レーニン病状回復にむかい、読書、歩行、簡単な会話が可能となる。
	レーニン、グルーホフ労働者代表団の訪問をうける。

10・8	トロツキー、中央委員会へ意見書を提出。
10・15	四六人の著名な古参ボルシェビキが、中央委員会へ意見書を提出、全党への公開を要求。
10・18	レーニン、クレムリンを訪問、政治活動復帰への意思表示をおこなう。
10・25	中央委員会の臨時拡大会議、トロツキーと四六人組を、分派禁止令に触れるとして譴責。
11・7	ジノヴィエフ、党内民主主義の復活を約束する声明を『プラウダ』に発表。
11・	全国的な討論集会はじまる。モスクワで反対派が圧倒（〜12・）。
12・5	党中央、党建設の決議を発表。
12・8	トロツキー、「新路線」（党の諸会議への手紙）発表。
12・	トロイカ、新聞紙上で、大々的なトロツキー非難を展開（12・中）。
12・	フランスとポーランドの党、トロツキーにたいする名誉毀損にたいして、ボルシェビキ党に抗議（12・末）。

一九二四年（大正13）

1・16 党全国協議会、討論集会を集約。選挙の不正により反対派の参加困難となる。トロツキーと四六人組にたいし、「レーニン主義からのプチブル的偏向」を決議。

1・18 カリーニン、ロシア・ソビエト大会で、医師団の報告にもとづき、レーニンの政治活動への復帰の可能性を表明。

1・21 レーニン死去。トロツキー、途中のチフリスで、スターリンより連絡をうける。スターリン、レーニンの葬儀を翌日おこなうことを伝え、トロツキーを欺く。

2・ 「レーニン記念入党運動」、二四万人の集団的入党。

4・ スターリン、『レーニン主義の基礎』を発表（～5・）。

5・22 中央委員会、クループスカヤ夫人提出の、レーニンの遺書問題を討議。スターリン更迭提案を、ジノヴィエフの提案で否決。遺書の公開を禁止することを決定。

5・23 第一三回党大会。レーニンの遺書、長老会

一九二四年

1・20 国民党一全大会（～・30）。「党内合作」の国共合作成る。

5・3 蒋介石・黄埔軍官学校長に就任。

議で読みあげられ、メモも討議も禁止される。スターリン書記長留任（〜・31）。
10・ トロツキー、「一〇月の教訓」発表。
12・ トロイカによるトロツキー批判、新聞紙上で展開。
スターリン、「一国社会主義」論への転換を表明。

一九二五年（大正14）

1・17 中央委員会、トロツキズムの反ボルシェヴィズム的性格について、全党員を啓発することを決定。
トロツキー、軍事革命委員会を追われる。
4・ 「一国社会主義」論をめぐり、トロイカ内部に亀裂。
党全国協議会開催。
9・ ジノヴィエフ、『レーニン主義』発刊。「一国社会主義」論を批判。
10・ ジノヴィエフ、カーメネフ、ソコリニコフ、クループスカヤの四名が共同宣言を発表。指導部にたいし公開論争を要求。
12・18 第一四回党大会開催。トロイカ分裂。ス

一九二五年

3・12 孫文死去
5・30 五・三〇運動にみる労働者階級の抬頭。
五・三〇運動の発端は、日本企業が中国人労働者一人を射殺し、他十数名を負傷させたことによる。結成されたばかりの中国総工会は六月一日からゼネストを指令し、二十万人の上海市民が参加した。運動は全国に波及し、労働者階級の抬頭を全世界に示した。
国民党の西山会議派は、危機感を強めた。

ターリン派とブハーリン派、同盟。ジノヴィエフとカーメネフ、敗北。スターリン、キーロフをレニングラードへ派遣する（～・31）。

一九二六年（昭和1）

1・ スターリン、『レーニン主義の諸問題』で「一国社会主義」論を表明。

4・ トロツキー、ジノヴィエフ・カーメネフと会談。

5・ トロツキー、病気治療のためドイツへ。

7・14 トロツキー、『プラウダ』紙上で、スターリン・ブハーリンの英ソ委員会の方策を批判。中央委員会で、トロツキー、合同反対派の政綱を発表。ジノヴィエフ、政治局から追放される。

夏 合同反対派、政綱パンフレットを党内に配布、弾圧される。

10・4 トロツキー・ジノヴィエフ、スターリンと会い、休戦協定について会談。

10・16 トロツキー、ジノヴィエフ、『プラウダ』に声明書を発表。

（一九二六年）

3・20 中山艦事件。蔣介石・反動路線を露骨にし、ソビエト政権と中共を恫喝。

7・1 蔣介石・北伐動員令（全軍一〇万）

10・10 北伐軍、武漢を占領

11・7 南昌占領

10・18 イーストマン、『ニューヨーク・タイムス』に、レーニンの遺言を発表。

10・23 中央委員会、スターリン休戦協定の合意を破る。第一五回党協議会で、合同反対派問題をとりあげることを決定。

10・25 政治局会議。トロツキー、スターリンを「革命の墓掘り人」として糾弾。

10・26 中央委員会、トロツキーの政治局追放、ジノヴィエフのコミンテルン議長追放を決定。

第一五回全国協議会、トロツキーと反対派に、「社会民主主義的偏向」の烙印。スターリン・ブハーリン同盟の勝利、合同反対派、敗北（～11・3）。

一九二七年（昭和2）

3・ 中国革命の問題をめぐる、党内対立激化。トロツキー、政治局の中国政策を批判。蒋介石による、上海大虐殺を予言。

4・2 スターリン、『中国革命の諸問題』発表。トロツキー、中国国民党の、コミンテルン加盟承認に抗議。

5・17 トロツキー、「中国革命と同志スターリン

（一九二七年）

3・22 労働者の武装蜂起により上海コミューンが成立。

3・ 国民党の下級幹部、蒋介石軍による反革命策動を忠告。

4・12 蒋介石による上海大虐殺、蒋介石、南京に国民政府樹立。

5・ コミンテルン・汪精衛の武漢国民党に期

のテーゼ」で、スターリンとの国際路線を批判。
トロツキー、5月、コミンテルンにおいて中国革命に関する「第一の演説」、「第二の演説」をおこなう。

9・6 合同反対派、第一五回党大会前に、反対派の政綱を党内に発表するよう中央に要求し、拒否される。

9・12 合同反対派の印刷所、ゲ・ペ・ウーに襲われる。

11・7 合同反対派、一〇月革命一〇周年のデモ行進で、「レーニンの遺言を実行せよ」などの政治宣伝をおこない、弾圧さる。

11・14 緊急中央委員会と統制委員会、反革命デモと反乱を企図したとして、トロツキー、ジノヴィエフを党から除名。その他反対派大量除名さる。

11・16 ヨッフェ、遺言をのこして抗議の自殺。

12・2 第一五回党大会、反対派の大量除名を決定。スターリン、レーニンの遺言に毒づく。
大会後、合同反対派の分裂。ジノヴィエ

待。

5・21 馬日事変。

6・1 スターリンの新たな訓令。極右から極「左」へ。

8・7 共産党の秘密会議。陳独秀から瞿集白へ。

8・1 南昌蜂起

9・ 秋収蜂起

12・11 広東コミューンの成立と敗北（〜・14）。
広東コミューンの敗北をもって国共合作の時期は終り、二八年からの国内革命戦争の時期に移る。

フ派、スターリンへの屈服を表明する転向声明発表（〜・19）。

一九二八年（昭和3）

1・18 農民からの、強制的穀物調達はじまる。トロツキー、アルマ・アタへ追放さる（翌年二月、トロツキーの国外追放決定。ブハーリン派は、これに反対）。その他屈服に応じなかった反対派も、辺境へ追放さる。

3・ 政治局、穀物調達のための、ウラル・シベリア方式を決定。

4・ 中央委員会総会。ブハーリン派、ウラル・シベリア方式の強制的穀物調達が、労農同盟を破壊し、ネップを放棄するものであるとして、スターリン派を批判。翌年にかけての党内闘争で、ブハーリン派は屈服・敗北。翌一九二九年より、スターリン派による「農業集団化」、「工業化」、「五カ年計画」の「社会主義化」はじまる。この後、スターリン政治体制は、生成・発展・消滅の過程をたどることとなる。

一九九一年、ソ連邦崩壊。

（一九二八年）

一九二七年末、ソ連共産党・党内反対派はスターリン派によって党外へ追放された。ちょうど同じ時期に、中国の第二次革命はスターリン派の裏切りによって大敗北を喫し国共合作の時代は終わったのであった。

ソ連邦派遣の中国人留学生から、トロツキーの「中国革命」論が陳独秀らに届けられるのは、一九二九年に入ってからであった。

あとがき

十代の末、九州の片田舎でたまたまA・スメドレーの『偉大なる道』—朱徳の生涯とその時代—岩波書店）に出会って以来、私は隣国の革命に強い関心をもつようになった。東方の大国の巨大な変化は、少年の身にもなにか動かし難い力がこの地を揺さぶっているかのごとく感じられたのである。

しかし、中国共産党の正統史観なるものが歴史の真実からは遠いことを知るのは、随分と経ってからのことだった。当分の間、私は毛沢東と中国共産党の正統史観の信奉者であった。それはプロ文革の初期まで続いた。

各時代の中国民衆の闘いを一本の糸に繋ぎ合わせることはできないのであろうか。このような途方もない願望に私をつき動かしたのは、次の事情による。

一つは、中国の未公開ドキュメンタリー映画『星火』『林昭の魂を探して』（胡傑監督、土屋昌明訳）との出会いである。友人に誘われて薄暗いテント小屋でのぞき観たこのドキュメンタリーは、私にとっては衝撃的だった。やっぱりこんな事件はあったんだ。

もう一つは、『陳独秀文集』全三巻（長堀祐造ほか訳）の刊行である。陳独秀の「全同志に与ふる書」は、中国第二次革命の真相を知るうえで欠くことのできない貴重な資料だが、さらに私を驚かせたのは、第三巻所収のかれの最晩年のいくつかの小論であった。そこには、ソビエト政権の変貌にかかわるいくつかの重要問題についてのかれの卓見がちりばめられていた。私のなかにあった何かもやもやとした気分が、ふっ切れたように感じた。

このような次第でできあがった本書だが、中国民衆史の一端の荒削りな素描に過ぎないことは言うまでもない。

本書の刊行に際しては、早野一氏をはじめ山本卓、湯川順夫、佐藤定夫、下山保、一瀬敬一郎など多くの友人たちの支援にあずかった。この場を借りて心からの感謝の意を表したい。出版を引き受けて戴いた社会評論社社長・松田健二氏に感謝する。

本書を中国の地で逝った三人の先輩たち、佐藤博、宍戸均、鶴田倫也に捧げる。

吉留昭弘

二〇一八年十月十日

吉留昭弘（よしどめ　あきひろ）

1937年、鹿児島県さつま川内市に生まれる。
立教大学大学院経済学研究科博士課程修了

主な著書
『ソ連崩壊とマルクス主義——レーニン最後の闘争とその後』（図書出版）
「北京残照——佐藤博、宍戸均、鶴田倫世への追想」
（『白鳥事件——偽りの冤罪』渡部富哉著、同時代社刊での特別インタビュー。）

陳独秀の再評価と中国革命史の再検討

2019年4月10日　初版第1刷発行

編　著＊吉留昭弘
発行人＊松田健二
装　幀＊右澤康之
発行所＊株式会社社会評論社
東京都文京区本郷2-3-10　tel.03-3814-3861/fax.03-3818-2808
http://www.shahyo.com
印刷・製本＊倉敷印刷株式会社